N. FILOZ

LES MERS DE FRANCE

V. LECOFFRE
Rue Bonaparte - PARIS.

LES

MERS DE FRANCE

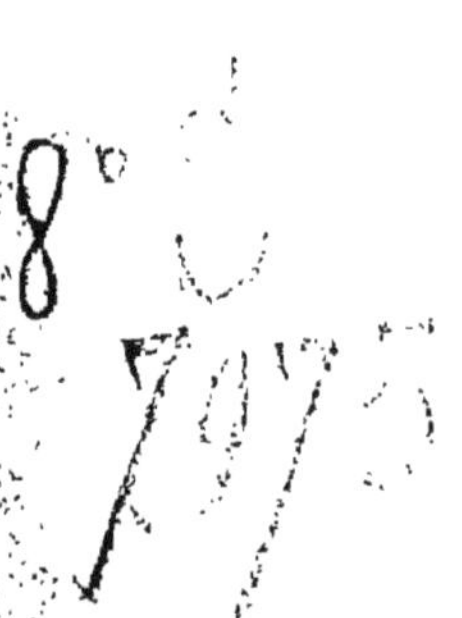

TYPOGRAPHIE FIRMIN-DIDOT ET Cie. — MESNIL (EURE).

LES MERS DE FRANCE

PAR

N. FILOZ

PARIS
LIBRAIRIE VICTOR LECOFFRE
RUE BONAPARTE, 90

1894

PRÉFACE

Le livre que nous offrons au public, n'a aucune prétention scientifique. C'est, en quelques pages, un résumé très simple des phénomènes et des êtres qu'on peut rencontrer et observer au bord de la mer. Pour être facilement compris de tous, même des plus jeunes lecteurs, nous avons remplacé partout les expressions techniques par les mots les plus communs. De notre temps, il est peu de personnes qui ne fréquentent quelque plage. Peut-être le promeneur, le touriste, le baigneur trouvera-t-il quelque intérêt, et c'est là notre seule ambition, à lire ce petit volume, où la science des autres vient souvent s'allier aux souvenirs personnels, que nous a laissés un séjour de quinze années sur les côtes de l'Océan.

N. Filoz.

LES
MERS DE FRANCE

I

La mer : sa couleur ; sa phosphorescence ; sa température ; sa composition (sel et marais) ; sa profondeur. — Les courants. — Le Gulf Stream. — Les marées. — Les mascarets. — Les vagues. — Les brouillards. — Les nuages. — Les vents. — Les tempêtes.

La mer, la mer calme sous un soleil éclatant, la mer couverte de paillettes d'argent, éblouissante, la mer immense, mêlant, à l'horizon, le bleu de ses flots au bleu du ciel, s'étend à l'infini devant nous. La plage, brûlante, est mollement caressée par la vague ; une brise légère tempère la chaleur du jour. On n'entend d'autre bruit que le glissement monotone de l'eau sur le sable. Pas un être, pas un cri, rien que le rivage désert et que la mer silencieuse. Spectacle étonnant, qui frappe l'imagination, arrête la pensée et fait que le spectateur reste là, immobile, inconscient, cherchant, sur cette surface sans bornes, quelque chose qui fixe son esprit et sa vue. Les yeux se ferment bientôt, fatigués d'un pareil miroitement; puis ils s'ouvrent de nouveau, attirés par ce bleu de rêve. On s'habitue peu à peu à tant de majesté et à tant d'éclat, et l'on finit par aimer cette immensité qui recèle de si merveilleux trésors de vie et de si terribles éléments de destruction. La mer qui féconde le sol de ses gras limons, qui nourrit plantes, coquillages et poissons, qui couve des milliards d'œufs et de germes, la mer qui porte à travers le monde les richesses de l'homme, voilà la vie; mais la mer qui rugit, qui hurle, la mer qui brise, engloutit, suffoque, asphyxie, voilà la mort, mort ténébreuse, effroyable, qui garde tout, navires et matelots, et ne laisse même pas une ride sur cette eau mobile, capricieuse, qui revêt à chaque accalmie une virginité nouvelle.

Comme elle est tranquille en ce moment, cette mer redoutable, qui couvre de sa nappe énorme plus des deux tiers du globe! Quelle superbe indifférence, quel formidable sommeil! L'animal lui-même ne se fie pas à cette langueur trompeuse; l'enfant reste stupide devant cette puissance, qui s'abaisse jusqu'à lui lécher les pieds, et qu'il ne comprend pas. Cependant, on l'aime cette mer sans respect et sans justice; on l'aime et on la craint; on l'évite et on la recherche; on s'en éloigne et on s'en rapproche, sans pouvoir jamais s'en détacher complètement. Que de vieux marins, à qui elle a ravi plus d'un fils bien-aimé, et qui reviennent chaque jour traîner sur ses bords les restes d'une longue et douloureuse existence! Pays de la peur, « nuit de l'abîme », gouffre sans fond, fée sans conscience, mer sinistre et mystérieuse, tu nous épouvantes et tu nous attires, parce qu'en somme tes fureurs apparentes cachent souvent des bienfaits, et qu'après tes colères passagères nous retrouvons en toi une amie douce, féconde et généreuse.

Profitons de cette belle journée pour examiner de plus près cette immensité et lui arracher quelques-uns de ses secrets.

La mer est bleue, disons-nous, parce que le ciel est pur et que l'eau reflète la couleur du ciel; mais, d'une façon générale, les flots de la Manche et de l'Océan sont verts, d'un vert d'autant plus sombre que leur profondeur est plus grande. La Méditerranée, au contraire, dans le golfe du Lion, par exemple, est d'un bleu d'azur. Sur certains points du globe l'eau est transparente, d'une limpidité telle qu'il est facile d'en distinguer le fond. Rien n'est plus charmant que de naviguer sur une de ces mers, où, sans souci des écueils, on peut observer, de la proue du navire, le lit des eaux, qui s'étend au loin, recouvert d'algues gracieuses, roses ou vertes, de coquillages aux formes variées, d'annélides au corps transparent, d'astéries aux couleurs vives, de mille êtres curieux, qui peuplent cette eau bleue que sillonne, de temps en temps, l'écume blanche des vagues. Lors même que le fond n'est pas visible, il se révèle cependant par la nuance particulière qu'il donne aux eaux. La mer est plus ou moins grise, jaune ou verte, selon qu'elle repose sur un lit de vase, de sable ou de limon.

Mais voici que le soleil baisse à l'horizon; ses rayons s'allongent comme des bras énormes, dans le ciel empourpré, et touchent déjà à la surface de l'eau. Du côté de l'orient, les teintes deviennent plus claires; l'air, plus diaphane; ce ne sont plus des couleurs nettes et tranchées, mais des nuances molles et indécises, à travers une admirable transparence. Quelques nuages roses passent dans le ciel bleu pâle et reçoivent les derniers reflets de l'astre qui va disparaître.

A l'occident, l'horizon est en feu ; le globe rouge, qui descend, s'élargit de plus en plus et s'enfonce lentement dans la mer, laissant encore, après lui, l'eau ensanglantée. C'est le plus magnifique spectacle que puissent nous offrir nos côtes de l'ouest par un beau soir de septembre. Quel calme succède à ce « deuil quotidien du monde » et quelle sensation de repos et de bien-être enveloppe les êtres qui vont s'engourdir jusqu'à la prochaine aurore !

La nuit vient, le ciel s'assombrit, la mer est noire. La lune étend sur l'eau son long ruban argenté. On entend, sans les voir, de petites vagues qui remuent les galets. L'obscurité grandit, et voici qu'on aperçoit sur la plage une raie lumineuse qui s'étend avec le flot. Ce sont des multitudes d'animalcules, des *noctiluques*, de tout petits *rhizopodes*, qui rendent, avec mille débris de poissons et de coquillages, l'eau phosphorescente. Il y a des mers où ces animaux sont si rapprochés et si nombreux, qu'elles en paraissent comme illuminées. Sur nos côtes, la phosphorescence est un phénomène plus rare, et ce n'est que certains soirs de fête ou d'orage que les vagues se parent ainsi d'une crête lumineuse.

Pénétrons maintenant dans cette masse liquide, dont nous n'avons observé jusqu'ici que la surface. Lorsqu'on entre dans l'eau de mer, on éprouve une double sensation de froid et de résistance. On a d'autant plus froid qu'on avance plus lentement; puis, peu à peu, une réaction se produit, et l'on se trouve à l'aise; mais, au bout de quelques instants, on recommence à trembler, on grelotte, et il faut sortir sous peine de commettre une grave imprudence. La couche d'eau superficielle offre cependant à peu près le même degré de chaleur que l'atmosphère environnante. C'est ainsi que, du pôle aux tropiques, la température s'élève régulièrement du point de congélation à vingt, vingt-cinq, et même trente-deux degrés dans le Pacifique, dans la mer Rouge et l'océan Indien. A l'inverse de ce qui se produit sur le continent, la chaleur décroît dans la mer de haut en bas. Les couches froides, étant plus lourdes, tendent à descendre; les couches tièdes, plus légères, tendent, à monter. La température s'abaisse donc à mesure que la profondeur augmente. Sur notre littoral, l'eau garde ordinairement à sa surface une température moyenne. Les *gâteaux de glace* et les *banquises*, qu'on rencontre dans l'Océan, sont dus à un phénomène particulier. Lorsqu'en hiver la neige tombe sur les flots tranquilles, elle se transforme en parcelles de glace, qui se soudent les unes aux autres et finissent par former une couche épaisse qui durcit avec le froid. Par suite de rencontres fréquentes, ces blocs, sans cesse ballottés, s'arrondissent comme les glaçons des fleuves. Quelques-uns s'agglomèrent et constituent des monticules bizarres, parfois très étendus et pleins d'aspérités. Il y a des banquises, affirme-t-on, qui forment de véritables îles. Mais ne nous écartons pas trop des eaux françaises, qui doivent seules nous occuper.

La mer, disons-nous, nous donne, en second lieu, une forte sensation de résistance, et, si le nageur ou le navire est plus aisément porté par l'Océan que par l'eau des rivières, en revanche ce n'est qu'avec peine que le pêcheur marche contre le flot et soutient le choc même des plus petites vagues. L'eau de mer est lourde, et cela tient à sa composition. En effet, en dehors des limons et des débris de toutes sortes qu'on y trouve en suspension, elle est encore chargée d'un grand nombre de substances chimiques en solution. Avec l'oxygène et l'hydrogène, qui constituent la masse liquide elle-même, les principaux éléments qu'on y rencontre, sont : le chlore, l'azote, le carbone, le brome, l'iode, le fluor, le soufre, le phosphore, le silicium, le sodium, le potassium, le bore, l'aluminium, le magnésium, le calcium, le strontium, la baryte. Certains varechs renferment également des métaux, du cuivre, du plomb, du zinc, du cobalt, du nickel, du manganèse, du fer, et même de l'argent. Mais l'élément qui domine, c'est le *sel* ou chlorure de sodium. Sur cent grammes d'eau de mer, il y a environ quatre-vingt-seize grammes d'eau pure, trois grammes de sel et un gramme de substances diverses. La Méditerranée est un peu plus salée que l'Océan; cela tient, pense-t-on, à ce qu'elle perd plus d'eau douce par l'évaporation qu'elle n'en reçoit des fleuves. Si la masse des eaux de l'Océan venait à s'évaporer tout entière, on a calculé qu'il resterait au fond de son lit, évalué à une profondeur moyenne de cinq kilomètres, une couche de sel épaisse de soixante-dix mètres, ce qui ferait pour toute la mer un total de vingt-sept millions de kilomètres cubes. On emploie, pour extraire le sel des eaux marines, deux procédés : l'un, dans les contrées septentrionales, qui consiste à faire congeler l'eau et laisser déposer le sel; l'autre, sur nos côtes, qui consiste à faire évaporer l'eau dans des *marais salants*, c'est-à-dire dans de vastes bassins, revêtus d'argile, qui communiquent avec la mer, et recueillent le chlorure de sodium. L'eau pénètre d'abord dans de grands canaux qui aboutissent à un réservoir, appelé *vasière*. Au moment de la marée, les trappes sont levées, et le flot entre librement, apportant souvent une grande quantité de poissons, que les gardiens pêchent et vendent à leur profit. De la vasière, l'eau passe dans les marais salants proprement dits, qui se composent de deux bassins principaux : le premier ou *côbier* est sillonné de petits amas de terre qui conduisent l'eau salée, après plusieurs détours, dans le second bassin. Celui-ci est divisé en un grand nombre de petits compartiments, bordés par des levées de terre glaise, et qui portent les noms de *fares*, d'*adrenomètes*, d'*œillets*. En parcourant successivement toutes ces divisions, l'eau s'évapore, et lorsqu'elle arrive à une petite plateforme ou *ladure*, située au milieu des œillets, elle dépose le sel qu'elle contenait et qui se cristallise. Le sel est alors recueilli et mis en tas sur le bord du marais; c'est là qu'il sèche au grand soleil, répandant généralement une assez forte odeur de violette. Lorsqu'on veut en faire ce qu'on appelle du *sel blanc*, on le fait fondre et cristalliser une seconde fois.

En dehors du sel et des autres substances chimiques que nous avons citées, l'eau de mer renferme encore en grande abondance une sorte de mucus, qui la rend blanchâtre et un peu visqueuse. Tous les êtres marins sont revêtus de cette matière gélatineuse, qui les fait glisser entre nos doigts. C'est un liquide à demi organisé, résultant de résidus et de morts innombrables, et qui semble à son tour redonner la vie aux armées d'infusoires qu'il renferme. Cette viscosité se retrouve à travers toute la mer, jusque dans ses plus grandes profondeurs.

Parler de profondeur à propos de l'Océan, c'est presque dire l'infini. On a mesuré dans l'Atlantique des gouffres de neuf mille mètres ; la Méditerranée, elle-même, descend, près des Syrtes, jusqu'à quatre mille mètres. Si bien que la profondeur moyenne de la masse des eaux marines serait, pour le monde entier, de cinq mille mètres. N'est-ce point là une façon de faire comprendre que, pour le navigateur qui creuse à sa surface un si léger sillon, la mer est vraiment sans fond? Que peuvent être d'ailleurs ces sombres et terribles abîmes qui cacheraient aisément les plus hautes montagnes du globe? A mesure qu'on plonge plus avant dans l'eau, toute lumière ne disparaît-elle pas? C'est à peine s'il reste une sorte de lueur d'un rouge sinistre, qui s'évanouit bientôt elle-même pour faire place à une obscurité complète. Cependant on descend toujours; on descend dans l'eau glacée, dans la nuit, jusqu'à ce qu'on ait au-dessus de la tête une colonne d'eau de neuf mille mètres. Cela dépasse toute imagination. Peut-être y a-t-il encore à cette profondeur quelques plantes, quelques êtres vivants. A deux mille mètres, sous une pression de deux cents atmosphères, Wallick a trouvé plusieurs petits coquillages et quelques étoiles de mer; à trois mille mètres, Torrel a recueilli un crustacé paré de brillantes couleurs; à cinq mille mètres enfin, MM. Carpenter, Wyville Thomson et d'autres savants ont découvert plus de cent espèces nouvelles de mollusques. Peut-être les ténèbres ne sont-elles point si grandes qu'on pourrait le supposer dans ces gouffres effroyables. On peut croire qu'il existe, au fond de toutes les mers, des animalcules phosphorescents, comme Ehremberg en a reconnu dans le golfe du Mexique, qui produisent d'une manière constante une douce et pâle lumière, et c'est là ce qui expliquerait du reste pourquoi les êtres, qui habitent les eaux profondes, n'ont pas les yeux atrophiés comme les insectes et les poissons des cavernes. Mais, que ces abîmes soient obscurs ou lumineux, peuplés ou déserts, l'esprit de l'homme, qui cherche à se les représenter, n'en est pas moins épouvanté.

Sur nos côtes, on ne rencontre pas d'aussi grandes profondeurs. C'est à peine si le lit de la Manche s'abaisse jusqu'à cinquante mètres. L'Océan, à Saint-Jean-de-Luz, la Méditerranée, à Marseille et à Nice, c'est-à-dire sur les points les plus bas de notre littoral, n'atteignent pas cent mètres. A part de rares exceptions, comme le gouffre de Cap Breton, près de Bayonne, le sol sous-marin s'étend en grandes surfaces à longues ondulations et à pentes douces. Les landes et les terres, qui remplacent l'ancien golfe du Poitou, peuvent nous donner une idée de cette régularité d'inclinaison du lit de la mer.

Jusqu'à présent, nous avons considéré la mer comme immobile. Or rien n'est plus contraire à sa nature : c'est le caprice, la mobilité même, le changement, le mouvement perpétuel. Vagues et courants, flux et reflux, s'unissent pour faire de cette masse énorme un être vivant, qui a ses caresses et ses colères, ses retraites et ses débordements. La seule chaleur du soleil suffit, par suite de l'évaporation des eaux, pour créer dans son sein des fleuves immenses qui la parcourent du pôle à l'équateur. Un des plus curieux de ces courants, et le seul qui nous intéresse, puisqu'il est le seul qui soit dans le voisinage de la France, s'appelle le *Gulf Stream*. Après avoir contourné la mer des Caraïbes et le golfe du Mexique, ce courant suit les côtes de Cuba, tourne la pointe de la Floride et entre dans le détroit qui sépare l'Amérique des îles de Bahama. Grossi des eaux du courant équatorial par le Vieux-Canal de Bahama, le Gulf Stream se dirige au nord, et pénètre dans l'Océan avec une largeur de soixante kilomètres et une épaisseur de quatre cents mètres. Sa vitesse est alors de huit kilomètres à l'heure; plus tard sa marche se ralentit, et par le travers du cap Hatteras elle n'est plus que de cinq kilomètres à l'heure. A cet endroit, le courant s'étale sur un espace de cent trente kilomètres. Vers le milieu de l'Atlantique, le Gulf Stream ne se distingue guère des eaux environnantes que par sa couleur et par sa tiédeur. Au large des côtes françaises, sa masse n'a pas une épaisseur moindre de quinze cents mètres. En arrivant près de la Bretagne, « cette voie lactée de la mer » comme on l'a appelée, se divise en deux branches, dont l'une se dirige vers le golfe de Biscaye, et l'autre traverse la mer d'Irlande, après avoir baigné le département de la Manche, et va se perdre enfin au Spitzberg. Cette rivière d'eau chaude, qui a un lit et des rives d'eau froide, va, roulant une masse liquide mille fois supérieure à celle du Mississipi ou de l'Amazone, du golfe du Mexique aux mers polaires, sans jamais mêler ses eaux bleues aux flots qui l'environnent. Elle dégage, sur son parcours, une quantité de chaleur qui suffirait, dit-on, à élever de zéro à la température de l'été la couche d'air qui s'étend sur la France et l'Angleterre. C'est au voisinage du Gulf Stream que certains de nos ports, Cherbourg, par exemple, doivent leur climat tempéré.

Mais le soleil n'agit pas seulement sur la mer par la vaporisation et les courants; il exerce, avec le concours tout-puissant de la lune, une attraction formidable, qui provoque et règle les *marées*. Voici, à peu près, comment on explique ce nouveau phénomène. La partie des eaux, tournée vers la lune, est attirée par elle; les côtes, en cet endroit, sont donc dégarnies; et les flots, entraînés vers la haute mer. Au point opposé du globe, l'attraction s'exerce d'une façon analogue : les eaux, étant plus éloignées que la masse de la terre, subissent une action moins forte que celle-ci, et par conséquent restent en arrière. La mer se trouve donc comme renflée en même temps à deux extrémités opposées, l'une la plus voisine, l'autre la plus éloignée de la lune. Si la terre et la lune restaient immobiles, ce phénomène se produirait une fois pour toutes : mais, la terre tournant, on comprend dès lors que sur un même point du littoral, la mer monte et descende alternativement, deux fois en vingt-quatre heures, ou plus exactement en vingt-quatre heures trois quarts, et cela selon que sa surface s'écarte ou se rapproche de la lune. Le soleil a bien également une action sur la marée, mais son éloignement étant beaucoup plus considérable, cette attraction est plus faible. Lorsque les deux astres passent ensemble au méridien, ou au point opposé du ciel, c'est-à-dire quand la lune est nouvelle ou pleine, les deux attractions s'ajoutent et les marées sont plus fortes. Lorsqu'au contraire les deux astres sont à quatre-vingt-dix degrés l'un relativement à l'autre, les marées sont plus faibles. Enfin le vent intervient aussi dans la puissance de la marée.

Ce phénomène grandiose se produit deux fois par jour et d'une façon très sensible dans la Manche et dans l'Océan. Au moment du flux, la mer monte pendant six heures et douze minutes; au reflux, elle descend pendant un temps égal. Chaque jour le flux se fait sentir cinquante minutes environ plus tard que la veille. Dans les petites mers, la marée est peu sensible. A Toulon, la Méditerranée n'avance que de deux mètres sur la plage. Sur les côtes de la France et des Iles Britanniques la marée arrive du large. Après avoir frappé le cap Clear et le promontoire de Land's End, elle ne se propage qu'avec lenteur dans les eaux peu profondes qui baignent l'Irlande et la Grande-Bretagne. La vague de marée met encore dix-neuf heures pour arriver dans le voisinage du Pas-de-Calais, où elle rencontre une autre vague, plus jeune de douze heures, venue par le chemin plus court de la Manche. En tout, la marée est en retard de soixante heures sur l'impulsion première. Le ralentissement du flot tient au peu de profondeur des eaux, aux aspérités du fond et des côtes, à l'action des vents et des courants. Par suite de ce retard, le temps qui s'écoule entre le passage de la lune au méridien et le moment de la pleine mer, varie beaucoup dans les différents ports. Sur les côtes de Gascogne, la marée a un écart de trois heures : de quatre heures, en Bretagne, à Saint-Pol de Léon; de six heures à Saint-Malo; de neuf heures au Havre; de onze heures à Boulogne; de douze heures à Dunkerque. Dans les baies de Cancale et de Saint-Malo, à l'embouchure de la Sévern, le flux et le reflux ont, par suite des deux vagues de marée qui s'entrechoquent, une amplitude énorme. Dans la baie Saint-Michel, qui, à mer basse, ressemble à une immense plaine de sable, la marée se précipite, plus rapide « qu'un cheval au galop », remonte en écumant la pente presque insensible, et transforme en quelques heures toute la baie en une nappe d'eau grisâtre d'une superficie de deux cent cinquante kilomètres carrés.

Non contente d'envahir les plages, de grimper à l'assaut des rochers, de déferler parmi les écueils, comme dans le *ras de Blanchard* et le *passage de la Déroute*, la vague de marée se manifeste encore dans les cours d'eau voisins sous le nom de *barre* ou de *mascaret*. Le mascaret est une énorme masse d'eau qui accourt du large avec une vitesse de six à huit mètres par seconde et qui remonte à une grande distance quelques-uns de nos fleuves, la Seine par exemple. Cette sorte de muraille liquide, qui s'élève jusqu'à trois mètres, est infléchie vers le centre; ses deux extrémités, qui forment pointes, se brisent en écume sur la rive, tandis qu'au milieu la vague, unie et ronde, glisse sur l'eau sans le moindre effort. Derrière, quelques vagues, non moins hautes, précèdent immédiatement la nappe de marée. Le mascaret s'avance, majestueux et tranquille, lorsqu'il ne rencontre aucun obstacle, et va se perdre enfin dans une partie du lit fluvial, plus large et plus profonde. Dans la Garonne, le flux se fait sentir jusqu'à cent soixante kilomètres de l'embouchure. Ces barres ont l'immense avantage, dans les mers à fortes marées, comme l'Atlantique, de détruire en totalité ou en partie les digues de vase ou les bancs de sable qui pourraient combler les estuaires. Aussi trouvons-nous de grands ports, comme Nantes, Bordeaux, Rouen, qui sont situés sur les fleuves et même à une certaine distance du littoral. Au contraire, dans les mers où le niveau reste constamment le même, il se forme, au point de jonction des eaux douces et des eaux marines, des dépôts considérables qui présentent de sérieux obstacles à la navigation. Marseille, par exemple, n'aurait pas pu être construite à l'embouchure du Rhône.

En dehors des mascarets, des marées et des courants, la mer présente une autre sorte de phénomène, plus commun et plus général, dont nous n'avons pas encore parlé et qu'on appelle la *vague*. L'Océan est rarement calme. Le vent soulève ses eaux, qui tantôt se déroulent régulièrement, tantôt s'entrechoquent avec fracas. Même par les plus beaux temps, lorsque « la mer se regarde », comme disent les matelots, il y a toujours à sa surface une légère ondulation. De longues vagues bleues se développent sans bruit, soulèvent doucement le navire et s'étendent si loin qu'on les perd de vue. Mais les vents sont capricieux et les rides de l'eau suivent leur impulsion variable. La brise vient-elle à souffler de l'ouest après avoir soufflé du sud, les vagues, qui suivaient la première direction, viennent se heurter à des vagues nouvelles. Il en résulte un entrecroisement qui se complique de plus en plus avec l'inconstance du vent, et bouleverse entièrement la surface de l'eau. La hauteur des vagues est d'autant plus considérable que la brise est plus forte, le bassin plus profond et l'eau moins salée, c'est-à-dire plus légère. En pleine mer le flot s'élève jusqu'à onze mètres; d'ordinaire, il ne dépasse pas neuf mètres dans l'Atlantique et cinq mètres dans la Méditerranée. Mais, lorsque les vagues rencontrent un obstacle, elles s'irritent, se regimbent et peuvent alors monter jusqu'à cinquante mètres, comme on le voit à Saint-Jean de Luz, par exemple. Leur vitesse n'est qu'apparente; l'eau, comprimée par le vent, se redresse et s'affaisse, sans guère avancer. Les objets, qui flottent à la surface, ne se meuvent d'ailleurs qu'avec lenteur dans le sens de l'ondulation. Si bien qu'on a comparé les vagues aux plis d'une étoffe soulevée par un courant d'air. Seule, la crête écumeuse, qui couronne le sommet, s'écroule sur la pente avancée. Cette agitation superficielle a comme un écho dans les profondeurs de la mer. Des lames *sourdes* ou *lames de fond*, arrêtées par les couches d'eau qui les recouvrent, avancent, en rasant le fond, avec une force et une vitesse effrayantes, et rejettent sur la plage galets et coquillages, épaves et navires. Ces lames inattendues, et qui surgissent tout à coup, mettent souvent les bâtiments en danger. Elles peuvent, lorsque leur marche, favorisée d'abord, se trouve subitement entravée, s'élever à une hauteur qui tient du prodige, et avec une telle puissance, qu'à Biarritz des blocs de trente-six tonnes ont été projetés horizontalement à dix et douze mètres, et qu'à Cherbourg de gros canons de rempart ont été déplacés.

A ce péril de la vague s'ajoute pour le marin la crainte du brouillard. Lorsque, par suite de l'évaporation, la masse d'air qui couvre l'Océan a reçu plus d'humidité qu'elle n'en peut contenir, une partie de la vapeur se condense en gouttelettes blanchâtres, qui forment un voile épais et dérobent toute lumière aux yeux du matelot perdu alors dans la nuit et l'immensité. Les nuages ne sont que des brouillards plus élevés dans l'atmosphère, et qui montent parfois jusqu'à une hauteur de onze kilomètres. Leurs formes, infiniment variées, peuvent se ramener à trois grands types : le *stratus*, qui est une longue bande horizontale; le *cumulus* ou *balle de coton;* le *cirrus* ou *queue de chat*, qui ressemble à de la laine cardée. Quant au *nimbus*, c'est le gros nuage chargé de pluie qui crève en averse. Tous ces nuages ou brouillards sont, comme la vague, formés, entraînés par le vent qui souffle tantôt du pôle, tantôt de l'équateur. Sur nos côtes, c'est le vent tropical qui domine; mais sa marche est très irrégulière. Il n'avance qu'en serpentant, qu'en tournoyant, qu'en provoquant des remous semblables à ceux d'un fleuve. Aussi voit-on quelquefois l'embrun des vagues et les flots eux-mêmes, soulevés par des courants circulaires, se dresser en colonnes menaçantes. Ces trombes, fréquentes sur les côtes d'Afrique et dans les mers de Chine, sont d'ailleurs assez rares dans nos parages. Mais qu'on se représente, d'un côté, des vagues énormes chassées par un vent déchaîné, se heurtant les unes contre les autres, se soulevant à des hauteurs prodigieuses et retombant comme des cataractes dans les précipices qui se creusent à leur pied, d'un autre côté un brouillard épais et froid qui se change parfois en une pluie torrentielle, si bien qu'on ne distingue plus l'eau qui tombe de l'eau qui monte, un ciel sans lumière, si ce n'est peut-être celle des éclairs, qui seuls déchirent l'obscurité, et l'on aura une idée du sort du malheureux pêcheur, perdu sur une barque frêle, au milieu de la mer en furie.

Michelet, du haut des falaises de Saint-Georges de Didonne, près de Royan, à l'entrée même de la Gironde, a assisté à une de ces révoltes de l'Océan, et l'a décrite dans une page célèbre. Les yeux et les oreilles sont également saisis. C'est d'abord le ciel qui prend une teinte grisâtre uniforme et qui donne à la mer une couleur de « plomb et de plâtre ». Puis, c'est le vent qui souffle avec une monotonie lugubre; on croirait entendre une plainte, immense et désolée, s'élevant de tous les points de l'horizon. D'énormes masses d'eau se soulèvent, blanches d'écume, se croisent, se heurtent, prennent « comme une âme fantastique ». On croirait entendre une « horrible populace, non d'hommes, mais de chiens aboyants, de dogues acharnés, ou plutôt fous ». Ce sont comme des « apparitions exécrables et innommées, des bêtes sans yeux, ni oreilles, n'ayant que des gueules écumantes ».

Quel formidable réveil après un si paisible sommeil! Que le vent change, souffle plus violemment, tout à coup la tempête se déchaîne, et la mer la plus calme devient en quelques heures un champ de mort pour le matelot. Aussi le pêcheur, qui connaît cette inconstance des flots, a-t-il bien soin, avant de s'embarquer, de considérer le ciel attentivement et d'y chercher quelque présage. Si le soleil est rouge à son coucher, colore fortement la mer et paraît entouré d'un cercle pâle, c'est qu'il se prépare là-haut quelque chose de menaçant. C'est bien pis si de petits nuages pourprés glissent rapidement sur un ciel gris, si de grosses nuées s'amoncellent à l'horizon et forment des constructions étranges. Tout est calme encore ; mais on entend par moments des bruits sourds qui s'arrêtent subitement. La lame arrive sur la plage, plus émue, presque plaintive, et comme « gonflée de soupirs » ; c'est, disent les Anglais, l'*appel de la mer*. L'oiseau lui-même est averti ; les mouettes et les goélands gagnent la terre à tire-d'aile. Cependant la petite barque sort du port avec ses deux grandes voiles blanches, tendues au vent. La tempête est là, imminente, mais qu'importe au marin !

« Pluie ou bourrasque, il faut qu'il sorte, il faut qu'il aille,
Car les petits enfants ont faim. . . . . »

Il nous souvient d'avoir été surpris, pendant une traversée d'ailleurs assez courte, par une violente rafale. C'était dans le voisinage du pertuis de Maumusson ou de la « Male Bouche », qui sépare l'île d'Oléron du continent, et où les embarcations ne se hasardent jamais, même par un beau temps, sous peine d'être englouties. La mer déferlait avec rage; les vagues, couvertes d'écume, enlevaient impétueusement le navire et le laissaient retomber dans des trous profonds qui se creusaient tout à coup à l'avant. Le vent, qui venait du large, soulevait d'énormes paquets de mer qui balayaient le pont et nous couvraient d'eau. A chaque instant, le tangage et le roulis, se combinant dans une heureuse harmonie, nous faisaient perdre l'équilibre. Le petit vapeur, tout en bois, gémissait sous l'effort de la lame, et nous entendions au loin le formidable grondement du pertuis, qui se répercute, dit-on, à plus de soixante kilomètres. La nuit et le brouillard nous laissaient dans la plus complète obscurité, au milieu de ces flots noirs qui nous secouaient avec furie. C'est à peine si, pour nous guider, nous arrivions à distinguer les feux de la côte. Nous étions émus, sans avoir peur, bien que l'embarcation fût petite et peu solide, ou plutôt nous étions excités par le bruit, par la brise, par la tempête. Le danger nous enhardissait, et nous aurions passé volontiers plus d'une heure encore sur cette mer en colère pour le seul plaisir de lutter contre les vagues.

Ainsi, même dans ses mauvais jours, la mer nous charme et nous attire. Le pêcheur l'affronte autant par plaisir que par besoin. Douce ou violente, caressante ou déchaînée, la mer nous appelle; allons vers elle et essayons, nous aussi, de la comprendre et de l'aimer.

II.

LES CÔTES.

Les îles. — Les falaises, rochers, galets. — Les plages; cordons littoraux; flèches de sable; bas-fonds; bancs de vase. — Les dunes; leur formation; leurs déplacements; sables mouvants.

Les côtes de l'Océan présentent les aspects les plus variés. Sans cesse battu par les vagues, le rivage se modifie d'années en années : telle ville, qui possédait autrefois un port fréquenté, se trouve aujourd'hui située à plusieurs lieues dans les terres, et telle autre, qui dressait ses monuments au sommet de hautes falaises, est maintenant à jamais détruite et ensevelie sous les sables; rappelons seulement Aigues-Mortes sur la Méditerranée et Chatelaillon sur l'Océan. C'est par cette action incessante de la mer que la plupart des îles se sont formées; les rochers et les collines ont résisté, mais la plaine a disparu et a été remplacée par un large canal qui a pris le nom de détroit. Les écueils sous-marins ont une origine identique. Les îles et les écueils, situés près des côtes, sont des dépendances du continent, et comme les contreforts des hauteurs voisines. On passe ainsi par degrés des montagnes aux collines, des collines aux rochers, des rochers aux écueils, dont la présence n'est souvent signalée que par l'écume qui bouillonne à leur sommet. Les vagues ont détruit les parties intermédiaires.

On est véritablement surpris de la force destructive de la mer. L'eau, poussée par le vent et la marée, délaye les matières calcaires ou argileuses, dégarnit les blocs les plus durs, les détache, les roule sur la grève et les brise en galets, qu'elle entraîne et ramène avec un effroyable bruit. Par suite de ce frottement continuel, les galets prennent une forme arrondie très caractéristique. En 1862, lors d'une terrible tempête, la Manche abattit, au cap de la Hève, une épaisseur de rochers évaluée à quinze mètres. La puissance naturelle des vagues est augmentée encore par les blocs, sables, coquilles et débris, qu'elles lancent contre la côte et qui ébranlent les falaises. Les promontoires de Normandie, composés en général de couches assez friables, minés d'abord par le bas, s'écroulent, quand les assises inférieures font défaut. Lorsque la falaise est formée de roches dures, l'effondrement est plus lent à se produire; on peut alors voir,

Fig. 1. — Falaise de l'Océan.

à la base, des colonnes, des galeries, des cavernes creusées par le flot. Près de Saint-Jean-de-Luz, des plaques schisteuses se courbent ou s'écartent, en laissant passer l'eau, qui jaillit plus loin en gerbes écumeuses. Mais, quelle que soit la composition du littoral, on remarque, au pied de tous les escarpements, une série de plates-formes, qui correspondent aux niveaux des différentes marées. La première marche de ce vaste escalier indique le point où s'arrêtent les basses mers d'équinoxe; la dernière est couverte par les plus hautes marées.

Mais, si la mer renverse et démolit d'un côté, elle apporte et construit de l'autre; la même vague, qui mine le promontoire, comble la baie; et l'on peut dire que, sous l'action de l'Océan, les côtes prennent peu à peu une forme normale. Si la côte primitive était régulière, la mer l'élève régulièrement; si le littoral était fortement découpé, l'eau cesse lentement de pénétrer dans les échancrures et dépose, à une certaine distance, un bourrelet de sable et de gravier, qui devient avec le temps le véritable rivage. D'autre part, dans les endroits où l'eau est peu profonde, le sable et les galets s'accumulent autour des rochers et forment des jetées absoluments régulières. Les *flèches de sable* et les *cordons littoraux* sont comme le cadre des plages, sur lesquelles on peut distinguer, comme au fond des falaises, les niveaux des différentes marées. Les cours d'eau, qui traversent ces bancs de sable pour se rendre à la mer, déposent, en passant, leurs alluvions, et le fond de la baie, grâce aux joncs et aux autres plantes qu'aiment les eaux saumâtres, se transforme bientôt en marécages, puis en terre ferme.

C'est ainsi qu'on a vu des îles devenir des péninsules, et des détroits se changer en isthmes. Dans la Méditerranée, la presqu'île de Giens, entre Hyères et Toulon, offre un curieux exemple de ce phénomène. Tous les étangs du golfe du Lion étaient autant de baies, que les cordons littoraux et les alluvions des fleuves ont peu à peu envahies; et l'on peut affirmer, sans craindre de trop s'avancer, que ces étangs eux-mêmes disparaîtront avec le temps.

Sous l'influence des courants et des vents, se forment également des cordons littoraux, des bas-fonds et des bancs de sable, qui s'étendent parallèlement au rivage. Parfois la vase se mélange au sable pour constituer ces levées invisibles, qui sont autant d'écueils pour les navires. Dans l'ancien golfe du Poitou, les vases ont fait plus encore : émergeant à basse mer, elles se sont peu à peu solidifiées, couvertes de plantes marines, de joncs, de trèfle rampant, et des bas-fonds sont devenus des prairies, qu'on a rattachées au continent, en les protégeant contre les vagues par des digues.

Le sable forme non seulement des plages et des bancs, mais aussi des monticules, qui bordent la côte et qu'on appelle des *dunes*. Nous avons vu que la mer transformait, par le frottement et par des chocs successifs, des blocs de pierre en galets ; ces galets, brisés à leur tour, s'émiettent en grains de sable. Les vagues étalent sur l'estran les matières arénacées dont elles sont chargées et qui, à mer basse, sèchent au soleil et sont bientôt emportées par le vent vers la terre. Il suffit alors qu'une épave, qu'un tronc d'arbre, qu'un arbuste se trouve dans la direction du vent, pour qu'une dune prenne naissance. En effet, le sable, entraîné par la brise, vient heurter l'obstacle et tombe au pied. Peu à peu le monticule s'élève, et, lorsqu'il arrive au niveau de la ligne idéale, qui irait de la plage au sommet de l'obstacle, le sable passe par-dessus l'obstacle, et va former une sorte de talus d'éboulement. Le talus grandit à son tour, et bientôt l'obstacle est couvert tout entier. Cependant le vent continue son œuvre, et l'on rencontre, sur le littoral de la Gascogne, des dunes qui dépassent soixante-quinze mètres d'élévation. La dune de Lascours atteint une hauteur de quatre-vingt-dix mètres. Mais, avec le temps, l'objet qui a provoqué la naissance du monticule se désagrège ; le sable, qui n'a plus de point d'appui, redevient mobile, et bientôt la dune se remet en marche vers le continent. Aussi a-t-on l'habitude de dire, sur le rivage qui s'étend entre

Royan et Marennes, par exemple, lorsqu'il fait un grand vent : « Les dunes marchent en Arvers. » Ce sable envahisseur couvre et engloutit tout sur son passage : arbres, rochers, maisons mêmes; il arrête les cours d'eau, les force à reculer, les emprisonne, en fait des étangs et des marais, comme on en rencontre sur le lit-

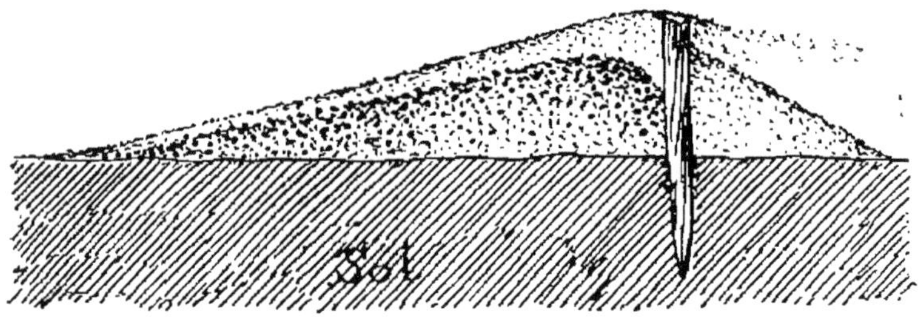

Fig. 2. — Dune.

toral des Landes. Par exception, la baie d'Arcachon a pu garder une large communication avec la mer; les autres petites baies, sous la pression du sable, se sont élevées pour ainsi dire sur la limite du continent, et les pluies et les ruisseaux, leur apportant leur tribut, les ont transformées en lacs d'eau douce. Pour arrêter cette marche progressive et menaçante des dunes, on a dû faire d'immenses plantations de pins. Grâce à leurs racines, les végétaux, en effet, arrivent, malgré le vent, à fixer les sables.

Cette mobilité du sable fait que souvent un

objet, qu'on laisse tomber sur la plage, est recouvert en quelques minutes aux pieds de la personne qui le cherche vainement. Souvent aussi des infiltrations d'eau se produisent et provoquent de véritables courants de sable, qui entraînent, lentement du reste, ce qui se trouve sur leur passage. Un danger plus grand est celui que peuvent faire courir de minces couches de sable qui recouvrent, en certains endroits, des fonds entièrement vaseux. On croit marcher sur une surface solide et tout à coup on enfonce. Cherche-t-on à se dégager, on enfonce davantage et parfois même on disparaît. Un accident de ce genre est arrivé à Michelet, dans le voisinage du Mont-Saint-Michel. En général, disons cependant que nos plages de France sont sûres, et qu'on y peut circuler sans autre souci que de contempler la mer et les curiosités qu'elle y laisse à découvert.

III.

LES PHARES.

La tour d'Ordre de Boulogne. — Les naufrageurs. — Les phares modernes. — Les phares des Héaux de Bréhat. — Les phares de la Hève ; leur légende. — Cordouan. — Les gardiens. — Signaux divers.

Dès l'antiquité la plus reculée, l'homme, pour se guider sur mer pendant la nuit et se préserver des écueils, éleva, sur certains points du rivage, des tours à feu. Sans remonter aux Grecs et aux Romains, au phare d'Alexandrie et au colosse de Rhodes, nous rappellerons cependant, et pour ne parler que de la France, la vieille tour que Caligula fit construire à Boulogne, à son retour des bords du Rhin, en souvenir d'une victoire remportée sur un prince breton. Nous trouvons ce monument représenté, vers l'an 191 de notre ère, sur une médaille de l'empereur Commode, et surmonté d'une lumière, qui semble indiquer la bonne route à une flotte romaine. Réparée en 811 par Charlemagne, la *Tour d'Ordre*, comme on l'appelait alors, fut, au XVIe siècle, entourée de remparts et transformée en forteresse. Mais, vers le milieu du siècle suivant, la violence des flots, le travail souterrain des sources et aussi l'incurie des échevins de Boulogne amenèrent sa ruine; elle s'écroula en deux ou trois fois, avec la falaise qui la portait. On ne fit aucune tentative pour, non pas restaurer, mais seulement sauver ce qui restait de ce curieux monument, et lorsque les dernières pierres se furent écroulées dans la mer, la ville de Boulogne crut être dégagée, par là même, de la redevance qu'elle payait, depuis un temps immémorial, au seigneur de Baincthun. Mais celui-ci fit un procès à la cité récalcitrante, obtint gain de cause, et obligea, d'après un arrêt du Parlement, les habitants de Boulogne à lui donner chaque année deux mille harengs « sorets et blancs », ou bien à remettre les lieux en leur premier état. Il reste aujourd'hui peu de chose de cet ancien monument; mais les descriptions nombreuses, qu'on en a faites, et le plan qu'en a dressé l'ingénieur Claude Châtillon, sous le règne d'Henri IV, nous permettent cependant d'en avoir une idée. Construite à quelques mètres du bord de la falaise, qui s'élève à cent pieds au-

Fig. 3. — Tour d'Ordre de Boulogne, d'après Claude Châtillon.

dessus de l'eau, avec des briques et des pierres grises et jaunes, cette tour, de forme octogonale, haute de cent quatre-vingt-douze pieds, ressemblait à une sorte de grande pyramide, composée de douze étages, dont chacun était en retrait d'un pied et demi sur le précédent.

Elle mesurait soixante-quatre pieds de diamètre. Au XVIIe siècle, on distinguait encore, à l'intérieur, trois chambres voûtées, réunies par un escalier. A chaque étage, du côté du midi, était une ouverture en forme de porte. Peut-être, en faisant quelques fouilles, pourrait-on retrouver quelques débris de ce très ancien et très curieux monument.

Les tours à feu étaient d'ailleurs assez rares au moyen âge. Les habitants du littoral préféraient laisser la côte dans l'obscurité, et ils avaient, pour cela, leurs raisons. Le métier de *naufrageur* était alors fort lucratif, malgré les peines sévères qu'on avait édictées dans les rôles d'Oleron contre ceux qui pillaient ou qui tuaient les naufragés. « Ils doibvent, y est-il dit, être mis en la mer et plongés tant que soient demy morts, et puis les tirer dehors et les lapider et assomer, comme on feroit un chien ou loup. » Mais qu'importait? Il y avait là un gain facile; tout naufrage était une bonne aubaine. La loi elle-même ne reconnaissait-elle pas que toutes les épaves, trouvées sur les rivages du roi, appartenaient au roi? Les ducs de Bretagne levaient un droit de *bris* ou de *lagan* sur toute la côte jusqu'à Bordeaux. Ils avaient à la Rochelle des représentants qui délivraient, moyennant une certaine somme, des permis de libre circulation sur la mer de Bretagne, libre circulation qui se terminait le plus souvent par un échouement. Pour tromper plus sûrement les navires, les naufrageurs promenaient ordinairement sur le rivage une vache aux cornes de laquelle ils avaient préalablement fixé une lanterne. Induits en erreur par ce phare mobile, les marins avançaient sans défiance et le navire venait se briser sur les écueils. « L'habitant de ces rives, dit un auteur de la fin du XVIIIe siècle, s'arme de crocs, de cordes, va se cacher dans les rochers pour y saisir ce que la mer transportera; il attend sa proie, accroupi pour échapper à l'œil des surveillants. Jadis il assommait le malheureux qui lui tendait les bras, en échappant au courroux des flots, il l'enterrait et le dépouillait sans pitié; il est plus humain à présent, il accorde la vie, ne tue que rarement, mais il vole; en vain la force armée tente, quelquefois, de s'opposer à cet affreux désordre. Les habitants furieux, unis avec leurs femmes, bravent la mort, attaquent les gendarmes; le feu, le sang ne fait qu'augmenter leur audace : les femmes sont des mégères plus hardies, plus intrépides encore que les hommes : le comble de l'injustice, de la cruauté, de la tyrannie militaire est, suivant eux, de leur disputer les dons que le ciel leur envoie. » M. Renard, dans son très curieux volume sur *les Phares*, auquel nous empruntons cette citation, rappelle à ce propos l'histoire de ce seigneur de Léon à qui un juif montrait un jour une magnifique pierre précieuse : « J'ai mieux que cela, » répondit le gentilhomme; et, désignant du doigt un récif du voisinage : « Voilà, ajouta-t-il, qui vaut mieux que toutes les pierreries de ton écrin. » Le rocher en question lui rapportait, paraît-il, « dix mille sous par an ». Dans les îles Chausey, vers la fin du XVe siècle, certains habitants de la côte, s'il faut en croire la tradition, exerçaient la même industrie, tuant les hommes, épargnant les femmes, pour les précipiter plus tard à la mer par des souterrains qu'envahissait la marée montante. On rencontre encore des fosses carrées, à demi comblées, qui conduisaient à ces horribles oubliettes. Aussi, la nuit, quand la tempête gronde et que le vent souffle lugubrement à travers ces ruines, les habitants de Chausey se gardent bien de passer dans leur voisinage, de peur d'entendre des gémissements et de voir danser de grandes flammes rouges autour du château.

Aujourd'hui, grâce à la civilisation, toutes les côtes de France sont également hospitalières, quelque mauvaise réputation qu'aient encore

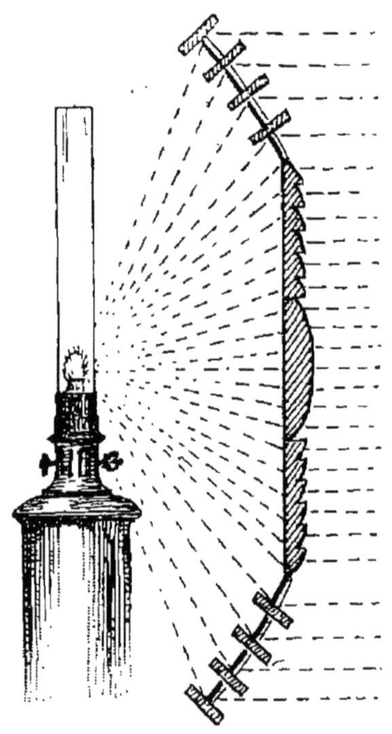

Fig. 4. — Appareil dioptrique de Fresnel.

gardée certaines parties de notre littoral, les Landes par exemple. D'ailleurs, les naufrages deviennent de plus en plus rares, grâce à la grande multiplicité et à l'heureuse distribution des phares. La côte est comme entourée de trois cercles de lumières : le premier, formé par les phares à grande portée, qui indiquent le continent aux navires venant du large; le second, composé de phares de deuxième et de troisième ordre, qui révèlent la présence d'écueils, de récifs, de bancs de sable; le troisième enfin, qui permet aux marins d'entrer sans encombre dans l'intérieur des ports. Chaque phare a sa lumière et son rayonnement particuliers : les uns sont rouges; les autres, verts, blancs ou bleus; les uns sont à feu fixe; les autres n'éclairent qu'à intervalles réguliers, passant d'une couleur à une autre; quelques-uns enfin scintillent comme des étoiles. Jusqu'à la fin du XVIIIe siècle, on allumait, au sommet des phares, de grands feux de bois ou de houille, ou encore des chandelles de résine, que de simples vitres protégeaient contre le vent. Plus tard, on eut recours à des lampes munies de réflecteurs métalliques, qui parurent du reste absolument insuffisantes aux navigateurs. Ce n'est que vers 1785, après la découverte des lampes à double courant d'air et les perfectionnements de Carcel, qu'on put obtenir des rayons lumineux suffisamment intenses. Cependant Arago et Fresnel démontrèrent bientôt que le système de Teulère, d'Argant et de Borda, n'était pas le dernier mot de la science, en substituant, à la lampe primitive, une lampe nouvelle, à plusieurs mèches concentriques, donnant une lumière d'une éclatante blancheur et pouvant fonctionner plus de douze heures sans aucun secours étranger. De nos jours, l'électricité a remplacé presque partout l'huile de colza. Quant aux lentilles, qui réfractent la lumière, elles se composent d'une partie centrale qui est un segment de sphère à une base et de plusieurs anneaux encadrés dans un châssis métallique. Grâce à cet appareil, dont l'invention est due à Fresnel, tous les rayons partis du foyer lumineux sont recueillis, concentrés et distribués horizontalement. Le verre employé pour ces sortes de lentilles est incolore, dur, homogène, et résiste parfaitement à l'action de l'atmosphère.

Cette lanterne est portée par une tour en maçonnerie, d'une hauteur variable, offrant le moins de surface et le plus de résistance possible aux assauts du vent et des vagues. C'est en général une coustruction simple, sans ornements, d'une grande stabilité et d'une exécution parfaite. Les phares qui sont reliés au continent ne renferment qu'un escalier, qui conduit à leur sommet; ceux qui sont isolés contiennent des magasins à provisions et des chambres pour les gardiens. Dressés ordinairement sur des falaises ou sur des rochers, ces feux ont d'autant plus de portée qu'ils sont plus hauts; les plus élevés de France sont les phares de Cordouan, de Dunkerque, de Calais et des Baleines, à la pointe occidentale de l'île de Ré. Pour nous rendre, du reste, un compte plus exact de ce genre d'édifices, nous allons visiter les plus importants de notre littoral.

Un des plus curieux et des plus étonnants, par la difficulté que présentait sa construction, est le phare des *Héaux de Bréhat*, qui s'élève sur les redoutables pics de Tréguier, et qui éclaire le dangereux espace compris entre les roches Douvres et la côte de Bretagne. Les premières assises de maçonnerie sont encastrées dans une entaille circulaire, pratiquée dans un rocher de porphyre noir très résistant. La tour, qui a 14 mètres de diamètre au pied, se divise en deux parties : la première est massive jusqu'à un mètre au-dessus du niveau des plus hautes marées; la seconde, plus légère, repose sur cette première base absolument inébranlable. Le mur, qui mesure d'abord $1^{m},30$, n'a plus, vers le sommet, que $0^{m},85$ d'épaisseur. On parvient aux lourdes portes de bronze, qui ferment l'entrée du phare, par une échelle de cuivre enchâssée dans la pierre. Les premières salles qu'on rencontre, en montant le long escalier,

Fig. 5. — Phare des Héaux de Bréhat.

qui mène à la lanterne, sont les magasins de cordages, de bois, d'huile, de provisions de toutes sortes, qui servent à la subsistance des gardiens. Puis viennent la cuisine, les cham-

3.

bres, au nombre de trois, et enfin, au septième étage, un charmant petit salon lambrissé, parqueté, ciré, tout spécialement réservé aux ingénieurs qui viennent inspecter le phare. Au-dessus sont des verres, des lampes et des instruments de météorologie; au neuvième étage, où l'on parvient par une échelle de fonte, et qui communique avec l'appareil d'éclairage par une ouverture pratiquée dans le plafond, se trouve la chambre du veilleur de nuit. La lanterne, formée de glaces très épaisses, que viennent cependant briser les oiseaux de mer, attirés par la lumière, est recouverte d'un dôme en cuivre, surmonté d'un paratonnerre. Seul, au milieu de l'Océan, ce phare, qui a la simplicité sublime d'une « gigantesque plante de mer », se dresse fièrement au milieu des tempêtes. Le vent déchaîné soulève des tourbillons de pluie, de grêle et de neige, qui viennent s'abattre contre les solides vitraux du fanal. Des lames énormes se précipitent sur la colonne de granit, mais glissent autour de sa surface polie, sans jamais l'ébranler. Parfois, cependant, le phare s'incline, mais c'est plutôt par bienveillance que par soumission; car, dans sa robuste flexibilité, il méprise les attaques des flots. Le phare des Héaux de Bréhat a été achevé en 1839, au prix de mille dangers, par l'ingénieur Léonce Reynaud.

Quelques années plus tard, en 1845, on restau-

Fig. 6. — Phares de la Hève.

rait les deux tours du cap de la *Hève*. D'origine assez ancienne, si l'on en croit la tradition, ces phares auraient remplacé, en 1774, une vieille construction, appelée *Tour des Castillans*, élevée en 1364, au moment où les flottes espagnoles fréquentaient le port de Barfleur. Pourvus d'abord de foyers, où l'on brûlait de la houille, les phares de la Hève furent dotés plus tard de réflecteurs sphériques, puis d'appareils dioptriques, remplacés aujourd'hui par l'électricité. De fortes machines électro-magnétiques produisent une lumière de l'intensité de cinq mille becs Carcel et d'une portée de 25 à 30 milles en mer, qui rayonne d'une manière constante à 20 mètres au-dessus de la falaise et à 120 mètres au-dessus du niveau des plus hautes marées. On jouit du haut du cap d'un merveilleux coup d'œil sur l'embouchure de la Seine, sur les ports du Havre, de Honfleur, de Barfleur, sur les plages célèbres de Trouville, de Villers, de Cabourg, d'Houlgate, de Beuzeval, sur le cap d'Antifer, asile solitaire des mouettes, sur les sombres rochers d'Étretat, enfin sur la mer elle-même, qui s'étend à perte de vue. Bernardin de Saint-Pierre raconte sur ce coteau, chanté par Casimir Delavigne, une gracieuse légende. « Fille de Bacchus et d'une nymphe de Cérès, la Seine avait suivi dans les Gaules la déesse des blés, lorsqu'elle cherchait sa fille Proserpine par toute la terre. Quand Cérès eut mis fin à ses courses, la Seine la pria de lui donner, en récompense de ses services, les prairies où coule aujourd'hui la rivière. La déesse y consentit et accorda, de plus, à la fille de Bacchus, de faire croître les blés partout où elle porterait ses pas. Elle laissa donc la Seine sur ces rivages, et lui donna pour compagne et pour suivante la nymphe Héva, qui devait veiller près d'elle, de peur qu'elle ne fût enlevée par quelque dieu de la mer, comme sa fille Proserpine l'avait été par celui des enfers. Un jour que la Seine s'amusait à courir sur les sables en cherchant des coquilles, et qu'elle fuyait en jetant de grands cris, devant les flots de la mer qui quelquefois lui mouillaient les pieds, Héva, sa compagne, aperçut sous les ondes les chevaux blancs, le visage empourpré et la robe bleue de Neptune. Ce dieu venait des Orcades après un grand tremblement de terre, et il parcourait les rivages de l'Océan, examinant avec son trident si leurs profondeurs n'avaient pas été ébranlées. A sa vue, Héva jeta un grand cri, et avertit la Seine, qui s'enfuit aussitôt vers les prairies. Mais le dieu des mers avait aperçu la nymphe de Cérès, et touché de sa bonne grâce et de sa légèreté, il poussa sur le rivage ses chevaux marins après elle. Déjà il était près de l'atteindre, lorsqu'elle invoqua Bacchus, son père, et Cérès, sa maîtresse. L'un et l'autre l'exaucèrent : dans le temps que Neptune tendait les bras pour la saisir, tout le corps de la Seine fondit en eau ; son voile et ses vêtements verts, que les vents poussaient devant elle, devinrent des flots couleur d'émeraude ; elle fut changée en un fleuve de cette couleur qui se plaît encore à parcourir les lieux qu'elle a aimés étant nymphe. La Seine a d'ailleurs conservé son aversion pour le dieu des mers. Deux fois par jour, il la poursuit avec de grands mugissements ; et chaque fois la Seine s'enfuit dans les prairies en remontant vers sa source, contre le cours naturel des fleuves. En tout temps elle sépare ses eaux vertes des eaux azurées de Neptune. Héva mourut du regret de la perte de sa maîtresse. Mais les Néréides, pour la récompenser de sa fidélité, lui élevèrent sur le rivage un tombeau de pierres blanches et noires, qu'on aperçoit de fort loin. Par un art céleste, elles y enfermèrent même un écho, afin qu'Héva, après sa mort, prévînt par l'ouïe et par la vue les marins des dangers de la mer. »

Que d'hommes et de navires sauvent les phares ! Dans ces nuits lugubres, où tous les éléments déchaînés produisent une formidable confusion, si le marin ne perd pas courage, s'il garde sa lucidité d'esprit, c'est grâce à la petite lumière qui brille à travers le brouillard et qui veille pour lui. Il ne se sent plus seul : quelqu'un est là qui lui dit d'espérer et de lutter contre la tempête. C'est surtout dans l'Océan, et en particulier dans le golfe de Gascogne, que les bâtiments ont besoin de guides sûrs pour éviter les récifs et franchir l'entrée de la Gironde. Le feu de *Grave* signale le Médoc; le phare de *Saint-Calais* indique les dangereux rochers de la Grand'Caute et le Rivage de la Saintonge; de minute en minute, *Cordouan* jette enfin son rouge éclair entre les deux feux blancs de la côte. C'est un des plus anciens phares de l'Europe, après la *lanterne de Gênes;* mais tandis que celle-ci repose, à l'abri des orages, sur un roc inébranlable, Cordouan se dresse en pleine mer, sur un écueil que l'eau ne laisse jamais à découvert, et subit sans relâche les assauts de la vague. « Parfois, dit Michelet, dans une zone de gloire, il triomphe sous le soleil; parfois, pâle et indistinct, il flotte dans le brouillard et ne dit rien de bon. Au soir, quand il allume brusquement sa rouge lumière et lance son regard de feu, il semble un inspecteur zélé qui surveille les eaux, pénétré et inquiet de sa responsabilité. »

Deux tours ont précédé sur le même rocher le phare actuel de Cordouan : la première, construite, dit la tradition, par des marchands de Cordoue vers le XIIIe siècle; la seconde, élevée, un siècle plus tard, sur les ordres du prince Noir. Une ancienne gravure nous représente ce monument terminé par une sorte de plate-forme sur laquelle on allumait de grands feux, qu'un ermite était chargé d'entretenir, moyennant la perception d'un droit sur les navires. Au pied de la tour s'élevaient une chapelle dédiée à la Vierge et quelques habitations. L'édifice moderne, qui est sans contredit le plus beau de France en son genre, a été commencé au XVIe siècle par Louis de Foix, restauré sous Louis XV et exhaussé par l'ingénieur Teulère. Ce doyen des phares mesure aujourd'hui soixante-trois mètres d'élévation, et son feu tournant, blanc et rouge, a une portée de vingt-sept milles.

Que ces phares soient, comme la tour de Cordouan, perdus au milieu de l'Océan, ou qu'ils s'élèvent sur la terre ferme comme au cap de la Hève; que le vent les fasse fléchir sous sa rude étreinte, ou qu'une légère brise caresse leur sommet; que la mer furieuse déferle avec rage contre leurs hautes murailles, ou que la

Fig. 7. — Le Phare de Cordouan.

lame tranquille vienne doucement lécher leurs assises; que l'eau soit sillonnée de navires ou que pas une voile ne paraisse à l'horizon : un homme est là, toujours, qui, du coucher du soleil au lever de l'aurore, veille sur la lumière protectrice. Vie triste et monotone, réclusion perpétuelle, qui parfois, dit-on, amène la folie! L'été, dans les beaux jours, le gardien peut encore se distraire avec la pêche et les spectacles variés et charmants que lui offre la mer. Mais l'hiver, lorsqu'un épais brouillard cache l'horizon, lorsque les vagues enveloppent la tour d'un manteau d'écume, n'est-il pas mieux emprisonné que le plus grand des criminels? Le vent souffle parfois avec tant de violence, qu'on peut à peine respirer et qu'on est obligé de se renfermer étroitement dans cet humide et froid cachot que les flots frappent sans relâche. Qu'on nous permette d'emprunter à notre excellent parent et ami, M. André Lemoyne, quelques beaux vers, qui donneront une idée très nette de cette vie dans les phares :

. . . .

De la pointe du Raz aux bancs de la Gironde,
Écumeur éternel, partout l'Océan gronde,
Sur des milliers d'écueils multipliant son bruit.
(Autant d'écueils, autant de souvenirs funèbres.)

Cette voix de la mer, parlant seule aux ténèbres,
Est sinistre durant quatorze heures de nuit.

. . . .

Du golfe de Biscaye aux passes de la Manche,
Le grand Océan sombre est dans sa fureur blanche,
Il ne reconnaît pas les navires errants.
Ceux que nous attendons nous arrivent peut-être,
Et pas un astre au ciel ne daigne reparaître;
Tout le ciel est peuplé d'astres indifférents.

Mais de riches lueurs, vertes, rouges et bleues,
Apparaissent en mer jusqu'à neuf et dix lieues
Au marin, dans la houle et dans la nuit perdu.
D'où vient-elle si tard, cette clarté bénie?
Est-ce un regard puissant de quelque bon génie?
Non. — Du bord de l'abîme un homme a répondu.

Quand le ciel éteindra ses étoiles avares,
Pour éclairer l'espoir, l'homme a planté ses phares
Sur les rocs, les écueils, la pointe des îlots;
Dès que meurt le soleil, la côte illuminée
Déploie avec lenteur une large traînée
De sa lumière ardente à l'horizon des flots.

Si le ciel est peuplé d'étoiles inutiles,
A Noirmoutiers, Penmarch; à Barfleur, aux Sept-Iles;
A l'avant de la terre, aux roches d'Ouessant;
Aux dunes de Saintonge, aux deux caps de la Hève,
Partout, à la même heure, une flamme se lève
Et jette dans la nuit un cercle éblouissant.

. . . .

Ceux qui gardent le feu, les veilleurs invisibles,
Par les gros temps d'hiver ont des heures terribles,

Sur un roc, détaché du monde des vivants,
Où le nuage pleure, où le flot se lamente. —
Les phares sont debout au cœur de la tourmente,
Dans l'aveugle chaos des lames et des vents.

Il faut avoir le pied marin par intervalles ;
Leurs tiges de granit, sous le fouet des rafales,
Oscillent brusquement comme de longs roseaux.
Il semble que parfois la tour déracinée,
Par la rafle du vent tout d'un bloc entraînée,
Comme un arbre arraché disparaît dans les eaux.

Mais le phare est solide et tient bon. — L'homme veille.
Tous les bruits de la mer ont usé son oreille.
Il n'entend pas les cris d'oiseaux tourbillonnants,
Hors d'haleine, accourus dans un vol de tempête,
Affolés de lumière à se briser la tête
Aux grands vitrages clairs de ces feux rayonnants.

Comme il ne peut rien voir, il ne peut rien entendre :
Mais l'oreille est au cœur. — Il croit, à s'y méprendre,
Reconnaître des voix dans les flots déferlant...
Un adieu qui s'éloigne, un long sanglot qui passe...
Il écoute... Quelqu'un heurte la porte basse,
Comme un ami perdu qui frappe en le hélant.

L'étrange illusion du veilleur est si forte,
Qu'il bondit pour descendre à sa petite porte,
Dans le débordement des eaux, prêt à l'ouvrir.
Il touche au verrou froid. — Il s'apaise, il remonte,
Songeant qu'à l'horizon plus d'un navire compte
Sur la clarté d'en haut qui ne doit pas mourir.

Elle étouffe son cœur, la pauvre sentinelle,
Dans cette longue nuit qui lui semble éternelle.
Une bande grisâtre annonce enfin le jour.
Le ciel blanchit au large. — On voit clair. — La marée,

Comme un mince fil bleu, s'est au loin retirée,
Et l'homme, respirant, s'échappe de sa tour...

Les phares ne sont pas les seuls signaux lumineux qu'on rencontre en mer ou sur le littoral. Sans parler des tours flottantes, véritables

Fig. 8. — Bateau-phare.

phares métalliques, que supportent d'énormes bouées, et qui sont d'ailleurs rares en France, il y a encore de lourds et solides navires, qui restent, à tour de rôle, pendant six mois de l'année, dans le voisinage d'un récif, d'un courant dangereux ou d'un banc de sable. Les *bateaux-phares*, portent sur leurs deux flancs, en grands caractères, le nom de l'écueil, dont ils signalent la présence. Leurs mâts, forts et courts, au nombre de deux ou de trois, sont surmontés de grosses boules pendant le jour et de lumières pendant la nuit. A l'inverse des autres, ces bâtiments, faits pour l'immobilité, doivent résister aux plus violentes tempêtes, sans « chasser » sur leurs ancres, sous peine de causer d'irréparables erreurs. Par les temps de brume, une *sirène*, installée sur le pont, fait entendre son cri rauque et monotone. L'équipage, qu'on relève à époques fixes, est ravitaillé par des bateaux des Ponts et Chaussées, qui font chaque mois un service régulier. La vie, d'ailleurs, ne doit guère être plus gaie là que dans les phares.

D'autres ouvrages, moins importants, mais utiles encore, complètent l'ensemble des signaux maritimes. Les *amers*, petits monuments en charpente ou en maçonneries, peints de couleurs voyantes, servent de points de repère sur la côte. Les pics, les volcans sont des amers naturels, qui permettent aux navigateurs de rectifier leur position géographique. Pour indiquer les écueils sous-marins, on a recours à des *balises*, sortes de pieux en bois ou en fer, qui dépassent plus ou moins le niveau de la mer, et qui sont surmontés, les uns de ballons ou de tonnes, les autres de plaques de tôle ou de tiges de fer réunies, supportant un *voyant*. On construit encore

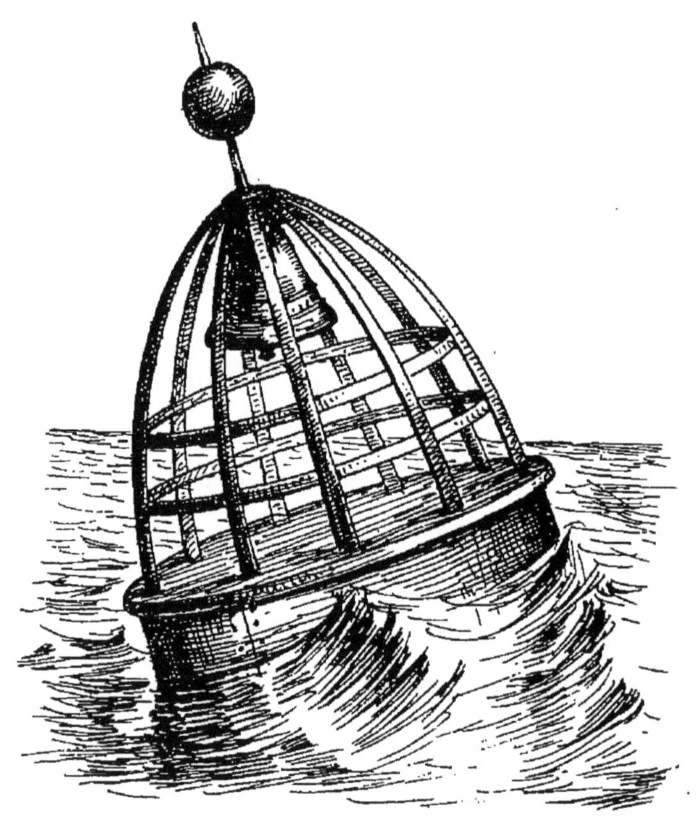

Fig. 9. — Bouée à cloche.

des *bouées*, ou corps flottants, attachés au fond de l'eau à des blocs de fonte ou de granit, des *flotteurs* munis de cloches que font sonner les lames, enfin de petites *tourelles* en maçonnerie de deux ou trois mètres d'élévation.

Tous ces signaux, lorsqu'ils sont peints en rouge, doivent être laissés à droite en venant du large; à gauche, lorsqu'ils sont noirs; ceux qui sont ornés de bandes horizontales, de losanges ou de damiers, peuvent être contournés dans tous les sens.

A l'entrée des ports, se dresse ordinairement un grand mât muni de cordages et de ballons qui indiquent aux navires, qui sont en rade, la hauteur de l'eau dans le chenal, à tel moment de la journée. Les flammes et les pavillons, qui flottent au sommet, complètent ces indications et donnent les pronostics sur le temps probable, d'après les variations barométriques. La nuit, les ballons sont remplacés par des fanaux de différentes couleurs. Disons, enfin, pour ne rien oublier, que les navires d'un certain tonnage doivent avoir, au coucher du soleil, trois feux : un feu blanc au haut du mât de *misaine*, un feu vert à *tribord* et un feu rouge à *bâbord*. Les bateaux de pêche ne portent qu'un feu blanc au grand mât.

C'est ainsi qu'on a pu rendre facilement praticable, même la nuit, cette route immense, qui fait le tour du monde et qui est semée de tant d'écueils.

IV.

LES MOLLUSQUES.

Le mollusque. — Mollusques univalves : buccins ; pourpres ; patelles ; bigorneau ; toupies ; sabots ; scalaire ; nasses ; turritelles ; porcelaines, volutes, etc. — Mollusques bivalves : bucarde ; telline ; vénus ; mie des sables ; huîtres (parcs à huîtres) ; pinnes ; tridacnes ; peignes ou coquilles Saint-Jacques (légende) ; moules (parcs à moules) ; solen ; pholades ; tarets, etc. — Mollusques nus : doris, éolides ; aplysies. — Céphalopodes : seiches ; calmars ; poulpes ; argonautes. — Foraminifères et diatomées.

Ce qui frappe d'abord la vue, lorsqu'on se promène sur la plage, c'est la grande quantité de coquilles, de toutes les couleurs et de toutes les formes, plates, concaves, longues, échancrées, arrondies, striées, unies, frangées, qui ne renferment que du sable et de l'eau. Ce sont les dépouilles d'animaux particuliers, qu'on appelle les *mollusques*. Pauvre et frêle troupeau, disséminé sur toutes les côtes marines, en proie à des milliers d'ennemis, ballotté par les vagues, heurté contre les rochers, qui n'a, pour protéger et défendre un corps mou et mal organisé, que de fragiles enveloppes. Parmi ces animaux, si faibles et si variés, les uns portent une coquille faite d'une seule pièce, généralement contournée en spirale; les autres sont enveloppés de deux valves, reliées par une charnière membraneuse; quelques-uns enfin restent absolument nus.

Un des mollusques univalves les plus communs sur notre littoral est le *buccin*, dont la coquille conique, striée et arrondie en spirale, est de couleur rousse ou grisâtre. Le buccin se tient d'ordinaire caché sous les algues ou enfoncé dans le sable. Il poursuit les bivalves et les perce de sa langue acérée pour les sucer. Cet animal, qui ressemble au colimaçon, rappelle par son nom et par sa forme la trompette des dieux marins de la mythologie. Il rampe sur un large pied et porte sur la tête deux cornes ou tentacules, à la base desquels se trouvent les yeux. De plus petite taille, le *buccin réticulé*, jaune avec une bande bleuâtre, a la coquille garnie de côtes saillantes. Le mollusque, dont les anciens empruntaient l'enveloppe pour s'en servir comme de trompette, est beaucoup plus grand et n'habite que la Méditerranée et l'océan Austral. Les buccins enferment leurs œufs dans des capsules membraneuses réunies

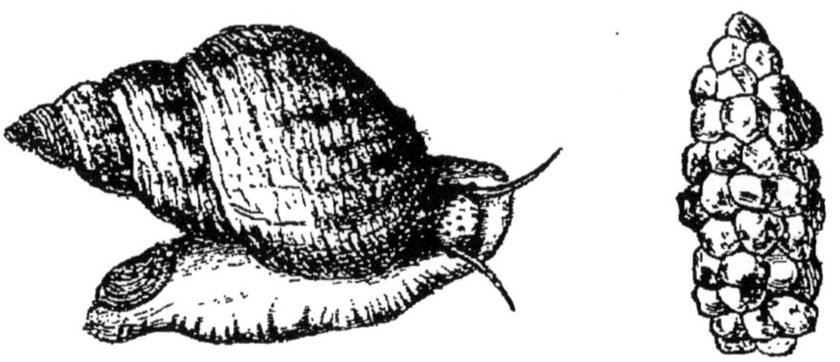

Fig. 10. — Buccin et ses œufs.

en grappes; on dirait, à les voir, de petits sacs de parchemin, qui ressemblent, lorsqu'ils sont vides, à des gâteaux de miel.

La *pourpre*, dont les Phéniciens tiraient une

Fig. 11. — Pourpre et ses œufs.

couleur célèbre, a la coquille ovale, épaisse, à spire courte, avec un dernier tour relativement grand. Ce mollusque, qui rappelle le buccin, présente plusieurs variétés, jaunes ou grises, lisses ou cannelées, unies ou rayées. Il sécrète un liquide qui remplaçait autrefois la cochenille et le carmin. Il fallait des milliers de victimes pour teindre une seule robe de sénateur; de là venait la cherté excessive de la pourpre. Pline raconte qu'on pêchait les murex en jetant à la mer des nasses à claire voie, garnies de bivalves. Ces coquillages s'ouvraient dans l'eau, et, au moment où les pourpres venaient les attaquer, refermaient brusquement leurs coquilles et retenaient les murex par la langue. La pourpre dépose ses œufs, assez semblables aux fruits de l'églantier, sur les rochers et sur les algues, où ils restent fixés par un solide pédoncule. Au bout d'un certain temps, on en voit sortir un petit animal, muni de deux expansions arrondies et garnies de cils vibratiles, qui lui permettent de nager.

Un mollusque, qu'on rencontre plus fréquemment encore que les précédents, est la *patelle*, dont la coquille, épaisse et de couleur variée, s'élève en forme de cône. L'intérieur de cette carapace est aussi poli que l'extérieur est rugueux. Le pied de l'animal, muni de deux muscles puissants, peut se contracter fortement; la tête porte une paire de cornes, à la base desquelles sont les yeux. Fixée au rocher, la patelle se laisse déchirer plutôt que de lâcher prise ; un poids de dix kilos, attaché à sa coquille, ne la fait pas céder. Cette force extraordinaire

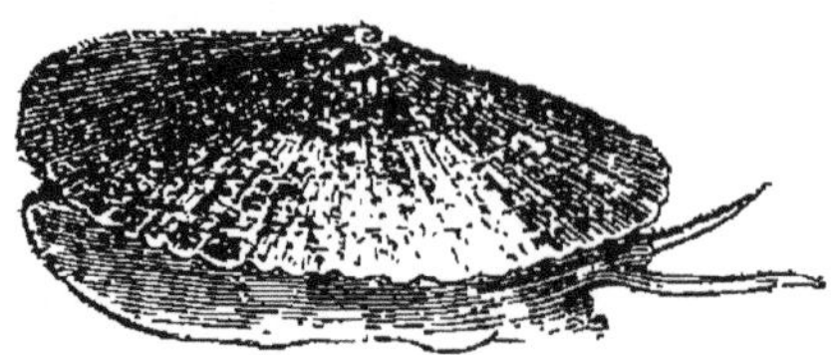

Fig. 12. — Patelle.

vient de ce que le pied charnu de l'animal fait le vide en se soulevant légèrement dans la partie médiane. Il suffit, pour le détacher, de glisser en dessous une lame de couteau. Les paysans bretons recueillent les patelles et

Fig. 13. — Toupie.

trempent la soupe avec l'eau de cuisson et le mollusque lui-même, dépouillé de son test.

Dans les mêmes parages, nous trouvons également le *vignot*, à tête noire, qu'on mange en l'arrachant avec une épingle tout vivant de sa coquille; — le *bigorneau perceur*, qui est couvert de stries; — les *toupies*, qui rappellent par leur forme le jouet du même nom; — le *sabot*, qui habite une coquille ovale, ventrue, jaune ou grise, rayée de brun ou de noir. L'animal lui-même est roussâtre avec des bandes foncées;

Fig. 14. — Sabot.

il a un large pied, et deux cornes sur la tête. De santé délicate, le sabot meurt, s'il reste longtemps dans l'eau; il lui faut de l'air et du soleil. Certaines variétés sont entièrement jaunes; d'autres sont brunes, agrémentées de blanc. Les sabots et les toupies se servent, pour couper les fibres végétales, qui leur servent de nourriture, d'une longue langue, hérissée de pointes très rapprochées. Les buccins et les pourpres sont carnassiers.

Une assez jolie coquille, en forme de cône allongé, de couleur blanche ou vineuse, avec des taches pourpres ou violettes, est la *scalaire*. L'animal, qui porte cette espèce de bonnet pointu, rampe sur un pied court, taché de blanc et de noir. Dans la mer des Indes, on trouve la *scalaire royale* dont la coquille, percée à jour entre les différents tours de spire, se paye, dit-on, jusqu'à mille francs pièce.

Fig. 15. — Scalaire.

A côté des *nasses*, des *turritelles* allongées en fuseau, qui rampent à la limite des bancs marins ou s'attachent aux rubans des algues, et dont les débris jonchent la plage, on trouve encore sur nos côtes quelques *univalves*, des *porcelaines* et des *volutes*, par exemple. Les mollusques porcelaines ont des coquilles ovales, convexes, à bords roulés en dedans, ressemblant à des moitiés d'œufs. La surface en est lisse et brillante comme de la porcelaine. L'ouverture, longitudinale, étroite et dentée, est légèrement échancrée aux extrémités. C'est dans les mers tropicales surtout qu'on rencontre les plus jolies espèces; on s'en sert pour faire de petites boîtes et des tabatières. Sur nos côtes, la plus commune est la porcelaine *coccinelle*, dont la coquille, grisâtre ou rosée, ne mesure qu'un centimètre et demi. Deux lobes

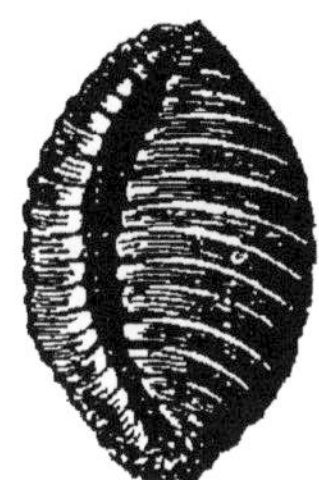

Fig. 16. — Coccinelle et Cauris.

latéraux, qui se replient sur le dos de la coquille, forment un petit tube qui sort par l'une des échancrures. Les coccinelles se nourrissent des plantes les plus tendres et les plus succulentes, en compagnie des *cauris*, leurs très proches parents, dont on se sert comme de monnaie sur le littoral de la Guinée. Il faut un millier de ces coquillages pour représenter la valeur d'un franc. Le cauris vit indifféremment dans l'eau douce et dans la mer.

Les *volutes* n'ont, dans nos parages, que de

très modestes représentants : la *volute grain de mil*, petite et blanche; la *volute enchaînée*, un peu plus grande et pointillée de rouge. Tous ces animaux sont gastéropodes, c'est-à-dire marchent sur le ventre; ce sont de véritables limaçons à branchies. Ils ont tous une tête, des yeux, des tentacules et une coquille qu'ils fabriquent eux-mêmes, en sécrétant une matière

Fig. 17. — Volute épiscopale.

semi-cornée, mêlée de carbonate de chaux, qui se solidifie à l'air. Cette coquille se développe avec l'animal.

La seconde classe des mollusques, les *bivalves*, ont une coquille composée de deux pièces distinctes, jointes ensemble par un ligament et une charnière; les uns ont deux valves égales; les autres, deux valves inégales. Tandis que les univalves ajoutent, en grandissant, des tours à leur spirale, les bivalves superposent des lames successives, dont la plus ancienne est la plus extérieure et la plus petite. Parmi les coquilles à deux battants, la *bucarde* ou *sourdon* est une des plus répandues. Ses valves, de même grandeur, sont bombées, à sommets saillants, et recourbées vers la charnière, ce qui, de profil, la fait ressembler à un cœur; de là lui vient son nom de bucarde ou *cœur-de-bœuf*. La coquille, cannelée, est blanche ou jaune. L'animal, qui en fait sa demeure, sans yeux ni tête, n'a

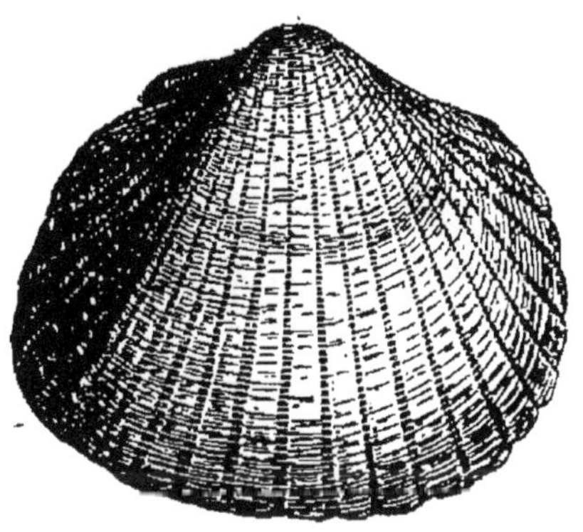

Fig. 18. — Bucarde ou Sourdon.

qu'un seul sens, le toucher. L'eau qu'il absorbe, le nourrit; il vit dans le sable et ne se déplace que rarement. Lorsque, à mer basse, sa retraite reste à découvert, on voit sortir du sable une grande quantité de petits jets d'eau et de bulles. La bucarde, comme beaucoup de mollusques, a deux tuyaux charnus ou siphons, dont l'un aspire l'eau et l'autre la rejette, dépourvue d'oxygène et des particules nutritives qu'elle renfermait. Pour pénétrer dans le sable, le sourdon avance une sorte de langue ou de pied qu'il enfonce et dont il se sert comme de point d'appui pour attirer le reste de sa coquille. S'il veut sortir, il appuie son pied contre le fond de son trou et peu à peu remonte à la lumière. On mange la chair de la bucarde, bien qu'elle soit dure et sans goût.

La *telline* n'est pas moins curieuse à obser-

Fig. 19. — Telline.

ver, dans ses évolutions, que le sourdon. Cet animal, qu'on appelle aussi *frion*, a la faculté, assez rare chez les mollusques, de pouvoir sauter. Pour se livrer à ce petit exercice, la telline se dresse sur le tranchant de sa coquille, étend largement son pied, puis le contracte brusquement comme un ressort, en frappant le sol. Sa coquille est allongée et très comprimée; la surface en est polie et luisante; les bords externes sont cannelés. Lorsqu'on déterre les tellines, à marée basse, on les voit bientôt sauter sur le sable pour regagner l'eau.

Citons encore les *mactres*, les *clovisses*, les *pétoncles*, les *vénus* ou *palourdes* dont la coquille allongée et aplatie présente à son sommet trois petites dents divergentes; — la *mie des sables*, dont le pied se termine en forme de languette, et qui est munie d'un siphon à deux branches. Arrivons enfin à l'*huître*, cètte reine des mollusques pour tout gourmet.

L'huître a deux valves inégales : l'une, plus grande, plus bombée, est plus épaisse que l'autre, qui sert de couvercle à la première. Ses coquilles étaient employées dans l'antiquité pour inscrire les votes qui condamnaient à l'ostracisme. L'animal qu'elles renferment est acéphale; il a la bouche fendue au milieu de l'estomac, et son corps est enveloppé tout entier d'un repli de la peau, qu'on appelle le *manteau*. Une charnière élastique tend à écarter les valves, qui sont retenues par des muscles puissants. L'estomac, placé dans le foie, se continue par l'intestin, qui, après quelques circonvolutions, remonte vers le dos et se termine par un orifice en forme d'entonnoir. Le foie, de couleur brune, est très volumineux. Les branchies se composent de quatre feuillets fibreux. On distingue aussi un cœur et quelques vaisseaux. Les huîtres, dépourvues de pied et naturellement peu vagabondes, sont hermaphrodites; elles laissent échapper au printemps une goutte d'un liquide épais et blanchâtre, qui renferme une infinité d'huîtres microscopiques. D'avril à septembre, les huîtres ont les ovaires gonflés et laiteux. De

Fig. 20. — Vénus, ou palourde et Mie des sables.

là vient la tradition qui veut qu'elles ne soient bonnes à manger que dans les mois dont le nom renferme la lettre R. En dehors de l'homme, les huîtres ont encore de nombreux ennemis : les crabes, dit-on, jettent des pierres entre leurs valves, pour les empêcher de se refermer et pouvoir ainsi les dévorer à leur aise; d'autres animaux forcent leur coquille, et les huîtres ne peuvent se défendre qu'en épaississant à mesure leur maison. Elles s'attachent d'ordinaire à des pierres ou à d'autres huîtres; on les pêche à la main, à marée basse, ou avec une drague, lorsqu'elles sont au fond de l'eau et forment ce qu'on appelle des *bancs*. Les espèces les plus répandues en France sont, dans l'Océan, l'*huître commune* et le *pied-de-cheval;* l'huître commune comprend l'*huître de Cancale* et l'*huître d'Ostende;* la première, après avoir séjourné dans un parc, prend le nom d'*huître de Marennes*. Sur le littoral de la Méditerranée, on trouve l'*huître rosacée* et l'*huître de Polacestion;* en Corse, l'*huître lamelleuse*. La culture de l'huître est devenue, de nos jours, une véritable industrie. Pour faciliter la reproduction des huîtres, on enfonce dans le sol des piquets qu'on relie avec des traverses. Au-dessus, on dispose en lignes horizontales, des tuiles, sur la face concave desquelles les jeunes huîtres viennent se fixer. On peut encore étaler sur le fond vaseux des branchages qui se couvrent rapidement de petites huîtres, qu'on remorque plus tard par mer ou qu'on transporte dans des baquets pour créer ailleurs des bancs artificiels. Il faut trois ans pour que les huîtres soient en état d'être déposées dans les parcs. Les *parcs* sont des réservoirs murés, qui renferment jusqu'à trois et quatre pieds d'eau. Dans certains pays, à Marennes, par

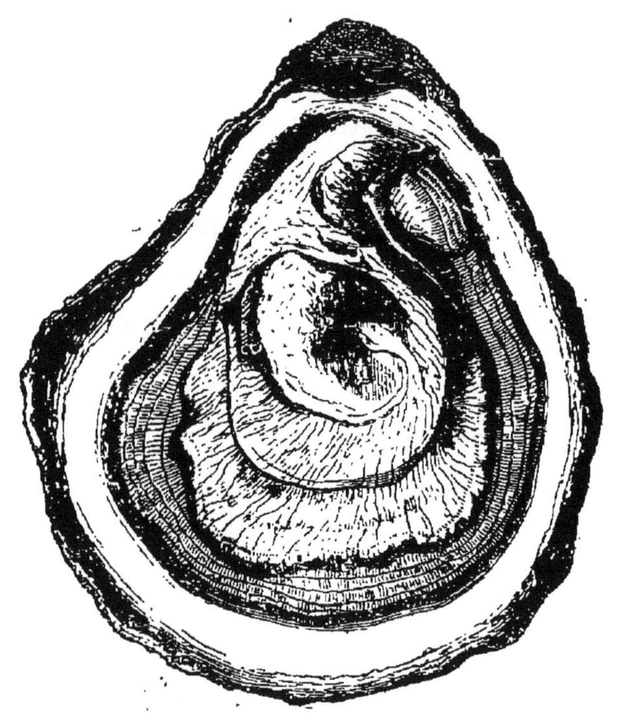

Fig. 21. — Huître.

exemple, l'huître devient verte. On ne sait d'ailleurs pas au juste à quoi attribuer ce phénomène, qui ajoute à la saveur du mollusque. Peut-être doit-on l'attribuer à la présence de certaines herbes ou à l'influence chimique du sol sur le foie de l'animal. Pour déposer les huîtres dans les parcs ou *claires*, il faut prendre les plus grands soins; un rien, un coup de vent, un peu de sable, un choc, peut provoquer des désastres; l'eau doit être changée souvent, et, en particulier, aux nouvelles et aux pleines lunes. L'huître parquée devient grasse et prend un goût exquis; c'est d'ailleurs un des aliments les plus faciles à digérer : il en faudrait, dit-on, plus de seize douzaines pour nourrir un homme. L'intérieur de la coquille de l'huître est couvert d'une nacre, dont l'éclat tient surtout à sa structure. Cela est si vrai, que des empreintes prises à la cire ou à la gélatine présentent des reflets irisés identiques. Cette nacre est faite de minces lames parallèles de carbonate de chaux. Sécrétée en goutte, elle prend le nom de *perle fine*. En perçant une coquille d'huître, on peut provoquer artificiellement la formation de perles, dues à la matière avec laquelle l'animal cherche à réparer sa demeure. Les Chinois introduisent parfois entre les deux valves des grains de sable qui, avec le temps, se recouvrent de nacre. Les belles perles, d'un blanc mat, à reflets brillants, composées de lamelles concentriques, extrêmement ténues, ne se rencontrent pas sur nos côtes. Leur pêche est d'ailleurs fort dangereuse et expose ceux qui s'y livrent aux dents des requins et aux décharges des torpilles. Ajoutons qu'en dépit de Cléopâtre et de sa légende, les perles ne se dissolvent pas dans le vinaigre.

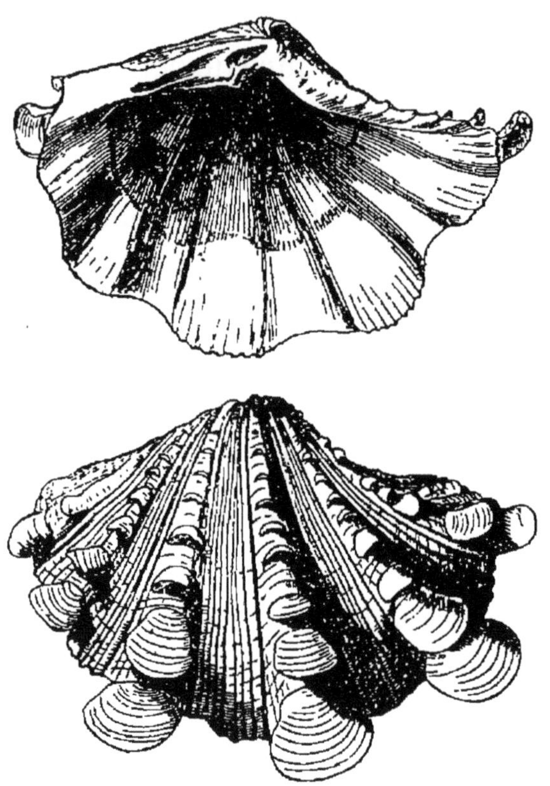

Fig. 22. — Tridacne ou Bénitier.

Nous rapprocherons des huîtres, les *jambonneaux* et les *tridacnes*. Les premiers de ces mollusques doivent leur nom à leur couleur brune et à leur forme triangulaire; leur coquille est mince, fragile et d'apparence cornée; d'entre les valves sort un byssus, une touffe de soies, qui sert à les fixer. Les filaments, solides et longs, flexibles et brillants, sont tissés dans certaines contrées, et donnent une étoffe moelleuse, de couleur absolument inaltérable. On trouve parfois, dans les jambonneaux, des *perles roses*, qui ont une grande valeur. Pline raconte sur ces animaux, qu'il appelle des *pinnes*, une curieuse fable : « On ne voit jamais, dit-il, de pinne sans son compagnon, le *pinnothère* ou *pinnophylax*, qui est un petit squale, une espèce de crabe. Le but de leur société est de se nourrir. Le coquillage, aveugle, ouvre ses valves et montre son corps aux petits poissons qui sont dans le voisinage et qui se précipitent bientôt dans la coquille. Alors le pinnothère avertit la pinne par une légère morsure; celle-ci se referme et partage sa proie avec son guide fidèle. » Le géant de tous ces coquillages est la *tridacne*, qui se suspend, elle aussi, aux rochers à l'aide d'un byssus, et dont le poids atteint jusqu'à six cents livres. La coquille mesure d'un mètre à un mètre et demi; l'animal pèse, à lui seul, quatorze livres et peut suffire à la nourriture de quarante personnes. La plus grande coquille de cette espèce est celle qui sert de bénitier à Saint-Sulpice et qui a été donnée par la République de Venise à François Ier. Les tridacnes habitent les mers chaudes; on n'en trouve dans nos parages que de très petits modèles. La force de ces mollusques est colossale; on a calculé qu'il faudrait trois chevaux, attelés à

Fig. 23. — Peigne ou coquille de Saint-Jacques.

l'une des valves d'un grand bénitier, pour obliger l'animal à bâiller malgré lui.

Un autre mollusque, le *peigne*, ou *pétoncle*, ou *pèlerine*, ou *coquille de Saint-Jacques*, qu'on range aussi parmi les huîtres, est assez commun sur nos côtes. Ses valves, inégales, demi-circulaires, blanches et teintées de rose à l'intérieur, jaunâtres à l'extérieur, portent de quinze à dix-huit côtes, larges et striées, qui vont du sommet au bord externe, avec deux oreillettes de chaque côté de la charnière. L'animal est, comme l'huître, enveloppé dans un manteau frangé d'un ou de deux rangs de filets très fins, terminés par de petits globules perlés, de couleur verdâtre : ce sont les yeux, qui paraissent protégés par des cils et reliés à un ganglion ventral. Malgré cette grande quantité d'yeux, le peigne y voit mal. Pour se déplacer, car il est d'humeur vagabonde, il agite vivement ses valves comme des nageoires. Son surnom lui vient de ce que les pèlerins, qui se rendaient à *Saint-Jacques de Compostelle*, attachaient sa coquille à leurs chapeaux et à leurs pèlerines, et voici pourquoi : On raconte que les disciples de saint Jacques, après la mort de l'apôtre, transportèrent ses restes par mer sur les côtes de la Galice. On célébrait alors, dans le pays, de grandes fêtes à l'occasion du mariage du seigneur de Maya. Tout à coup le cheval du noble païen partit au galop, s'élança dans la mer et entraîna son maître jusqu'auprès du navire qui portait le corps du saint. On cria aussitôt au miracle, mais la surprise fut bien plus grande encore, lorsqu'on vit revenir le seigneur et son cheval entièrement couverts de coquilles. Les disciples déclarèrent que c'était là une preuve que les reliques de l'apôtre avaient une vertu surnaturelle. Le noble païen et ses sujets se convertirent sur-le-champ et, depuis cette époque, les coquilles prirent le nom du saint. En souvenir du prodige, on éleva d'abord une chapelle, puis une superbe cathédrale, et l'on se rendit en foule au pèlerinage de Saint-Jacques de Compostelle. Les prêtres, attachés à ce sanc-

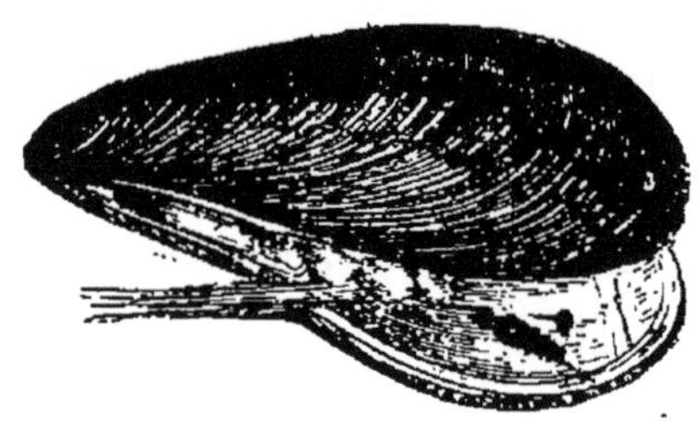

Fig. 21. — Moule.

tuaire, obtinrent le privilège exclusif de vendre des coquilles, marque distinctive des pèlerins, et trouvèrent dans ce commerce une telle source de richesses qu'ils purent bientôt faire fabriquer une statue du saint en or massif, autour de laquelle brûlait chaque nuit un millier de cierges.

Passons de la légende à l'histoire, du peigne à la *moule*. Vers le milieu du XIIIe siècle, un Irlandais, Patrice Walton, débarquait avec ses hommes, à quelques lieues de la Rochelle, près de la pointe de l'Escale. Parti de son pays avec un chargement de moutons pour l'Angleterre, il avait eu à subir une formidable tempête, qui l'avait entraîné hors de sa route et jeté sur la côte française. Les moutons, mêlés à ceux du pays, ont donné naissance à une race estimée, celle des moutons de marais. Quant à Walton, il chercha pour gagner sa vie, à tirer parti des vasières d'un bourg voisin, qu'on appelle Esnandes et qui est situé dans l'anse de l'Aiguillon. Comme ce point du littoral était fréquenté par un grand nombre d'oiseaux de mer, il essaya de tendre des filets pour s'en emparer. Il dut, pour ce faire, construire une embarcation d'un genre spécial, qui lui permît de circuler sur la vase et d'enfoncer des pieux de distance en distance pour soutenir ses appareils. Cette embarcation, qui porte encore aujourd'hui le nom d'*acon*, est plate en-dessous, verticale à l'arrière, et légèrement recourbée à l'avant; elle mesure environ cinquante centimètres de largeur et de profondeur, et deux mètres ou deux mètres et demi de longueur. Pour s'en servir, le pêcheur se place à l'arrière, appuie le genou droit sur le fond, enfonce la jambe gauche dans la vase et tient les bords de l'acon de ses deux mains. Il enfonce et retire successivement sa jambe, qui est en général protégée par une forte botte, faisant ainsi glisser l'embarcation avec rapidité. Walton, au bout de quelque temps, constata que les pieux, qu'il avait plantés, s'étaient garnis de petites moules, dont le goût était particulièrement agréable. L'idée lui vint alors, de profiter de cette découverte, et il inventa les *bouchots*. On appelle bouchot une sorte de parc formé par deux rangées de pieux, disposés en angle et reliées entre eux par des claies et des fascines. L'ouverture de l'angle est tournée vers le rivage, et la pointe, légèrement ouverte, est souvent enveloppée d'un filet qui arrête le poisson. C'est sur ces pieux que se forment les bancs de moules artificiels. Les semences se développent à partir du printemps. Le boucholeur les détache en juillet et les place dans les claies d'un autre bouchot, dit *bouchot bâtard,* qui n'est découvert qu'au moment des grandes marées. Enfin, plus tard encore, on les transporte dans un troisième et dernier bouchot, appelé *milloin*, d'où elles ne sortent que pour être vendues. C'est encore ainsi que de nos jours on élève les moules à Esnandes, à Charron et à Marsilly. A l'inverse des huîtres, ces mollusques sont surtout appréciés pendant les mois sans R, d'avril à septembre. Les moules causent parfois des empoisonnements; cela tient, croit-on, au frai d'animaux venimeux, comme les méduses ou les astéries, qu'elles absorbent volontiers. Nous avons dit qu'elles se fixaient à l'aide d'un petit paquet de fils ; pour former ce byssus, elles appliquent leur langue sur les pieux, puis la retirent, et cela à plusieurs reprises, laissant à chaque fois un petit brin de soie. Cette langue correspond au pied des tellines et des bucardes.

Avant d'arriver aux mollusques *nus*, signalons encore le *solen*, les *pholades*, et le *taret*. Le solen, ou *manche de couteau*, a une coquille composée de deux longues pièces, réunies de chaque côté par des membranes ouvertes aux deux extrémités. L'animal habite par conséquent une sorte de cylindre aplati. L'une des ouvertures donne passage au pied du solen, qui est charnu et renflé en massue ; l'autre ouverture laisse passer un siphon à double tube. Pour s'enfoncer dans le sable, ce mollusque se sert, comme le sourdon, de son pied qu'il allonge et contracte tour à tour pour entraîner le reste de la coquille. Souvent sur la plage, on remarque de petits trous ovales, d'où sortent de l'eau et des bulles d'air; qu'on y jette quelques grains de sel, on verra bientôt les solens, qui les habitent, se montrer à l'orifice. Mais qu'on ait bien soin de les saisir aussitôt, sinon les mollusques redescendent dans leur trou, profond de deux pieds, et rien alors ne saurait plus les en faire sortir.

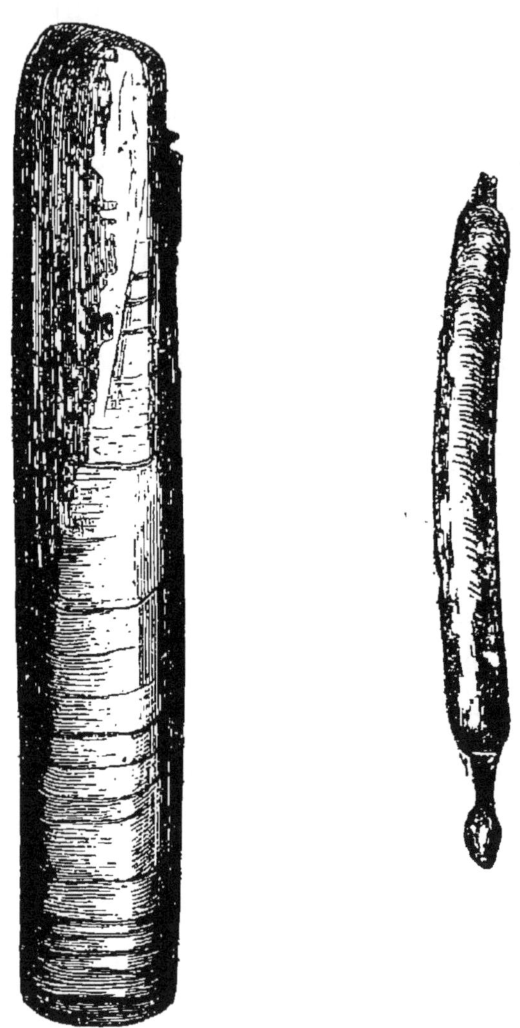

Fig. 25. — Solen ou Couteau.

Les *pholades* se creusent une retraite non pas dans le sable, mais dans la pierre. On en rencontre parfois de six à sept centimètres de longueur, logés dans une sorte d'entonnoir au sommet duquel est un petit trou, qu'elles ont percé dans leur enfance. Peu à peu les pho-

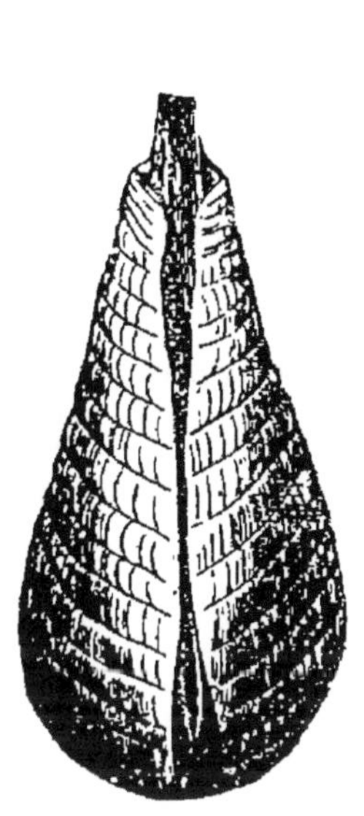

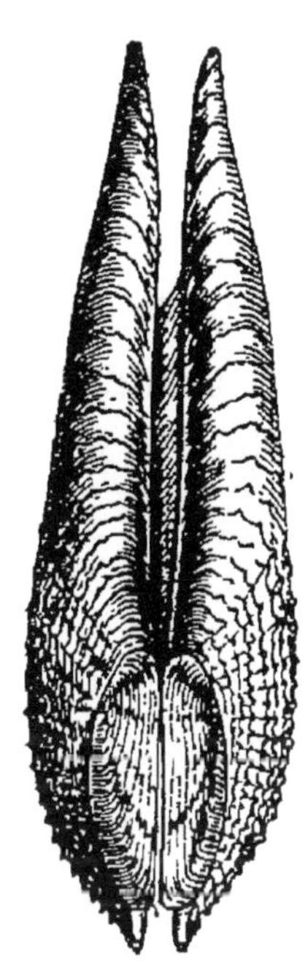

Fig. 26. — Pholade.

lades ont grossi et, en même temps, élargi leur demeure, sans en agrandir l'ouverture, si bien qu'elles se sont comme emprisonnées elles-mêmes. Le corps de l'animal est enveloppé d'une coquille blanche, mince, ovale, faite de deux valves ouvertes aux extrémités et garnies de stries. Par l'ouverture antérieure sortent les tuyaux respiratoires. La pholade sécrète une matière phosphorescente qui doit, pense-t-on, servir à ramollir la pierre, que le mollusque gratte ensuite avec sa coquille rabotteuse. On distingue parmi les pholades, qu'on appelle vulgairement *dails*, la *pholade dactyle* qui a une coquille cunéiforme avec trois pièces accessoires, et la *pholade scabrelle*, qui perce le bois et dont la coquille allongée n'est munie d'aucun accessoire.

Fig. 27. — Taret.

Enfin, le *taret* est un petit ver blanchâtre, arrondi en avant, sans tête, comme tous les bivalves, et terminé par une queue bifurquée, qui lui sert de siphon. A l'extrémité opposée, il a deux petites valves triangulaires, épaisses, rugueuses et tranchantes. Cette coquille rudimentaire, qui correspond environ au trentième de l'animal, perce les bois les plus durs. Les trous des tarets sont petits, et les galeries, qu'ils font, sont tapissées d'une sorte d'enduit. Pour mettre les navires à l'abri de leurs atteintes, on est obligé de les blinder, et pour détruire leurs germes avant complet développement, on a soin de plonger les bois dans de l'eau contenant de l'acétate de plomb et du perchlorure de mercure. En Angleterre, on enfonce dans les constructions sous-marines des clous, qui, en rouillant, les préservent des tarets. Au XVIIIe siècle, ces animaux ayant rongé les digues de la Hollande, cette contrée faillit être inondée. Les tarets, quoique bien petits, sont donc à redouter.

La troisième espèce de mollusques renferme

Fig. 23. — Doris.

des animaux dont les branchies s'épanouissent à découvert, de là vient leur nom de *nudi-branches*. Les mollusques nus rampent sur le ventre et nagent renversés, en creusant leur pied en forme de bateau et en se servant de leurs appendices comme de rames. C'est au milieu des pierres et des fucus, à la limite des basses eaux, qu'on rencontre ces animaux, la nuit surtout. Hors de l'eau, ils perdent rapidement leurs charmantes couleurs et ne forment plus qu'une masse gélatineuse. Un des plus communs est la *doris étoilée*, qui mesure environ trois centimètres. C'est une limace d'un gris cendré, parsemée de tubercules arrondis, avec quatre tentacules sur la tête; ses branchies se présentent sous la forme d'une étoile, placée à la partie postérieure. Ces animaux déposent sur les rochers leurs œufs enveloppés dans une substance gélatineuse, blanche, jaune ou rose,

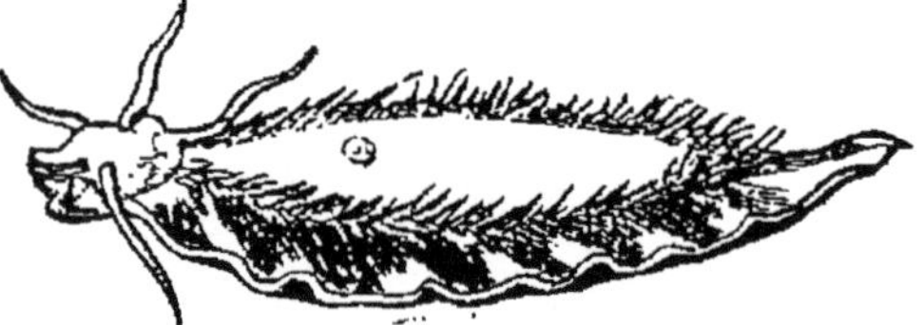

Fig. 29. — Éolide.

qui forme des rubans. Ils pondent, par an, de neuf à douze mille œufs qui deviennent pour la plupart la proie des poissons.

On trouve encore, au milieu des fucus, les *éolides*, qui sont de petits êtres naturellement voraces et querelleurs, mais dont les membres mutilés sont très rapidement remplacés. Ces mollusques ont des branchies palmées, disposées par paires sur les côtés du corps.

L'*aplysie dépilante*, ou *lièvre marin*, est une sorte de limace, dont le pied se redresse en collerette autour du corps, et dont la tête porte deux tentacules élargis et creusés. Cet animal répand une liqueur rougeâtre et puante, dont le contact fait, dit-on, tomber les poils. Son corps est noirâtre avec des taches grises; ses branchies, en bouquet, sont renfermées dans une cavité recouverte par le manteau et située au milieu du dos. D'autres aplysies ont autour

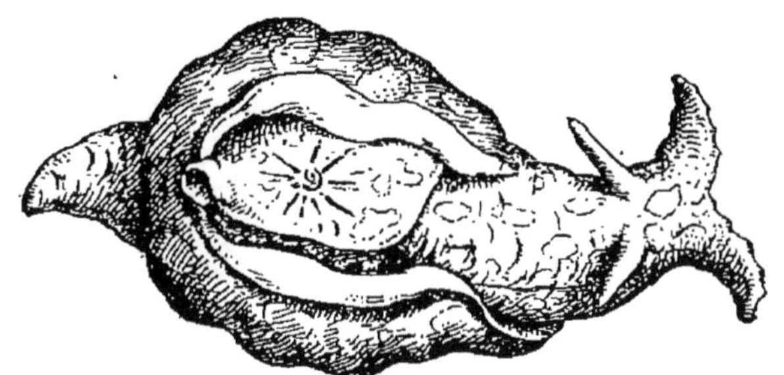

Fig. 30. — Aplysie dépilante.

du pied des bordures rouges ou lilas, pointillées de vert. Les œufs des aplysies sont réunis en chapelets par de longs filaments.

Certains mollusques nus, ressemblent par leurs mœurs et leur aspect à des polypes. Ils ont cependant des organes plus perfectionnés.

De tous les mollusques, les mieux organisés sont les *céphalopodes*. Chez ces animaux, le sang, contenu dans une petite poche centrale, ou cœur, est amené par deux veines dans des sacs contractiles, placés à la base des branchies, qui le lancent dans ces sortes de poumons. De là, le sang revient au cœur par deux veines. Tous les céphalopodes sécrètent un liquide de couleur foncée, dont ils s'enveloppent pour échapper aux

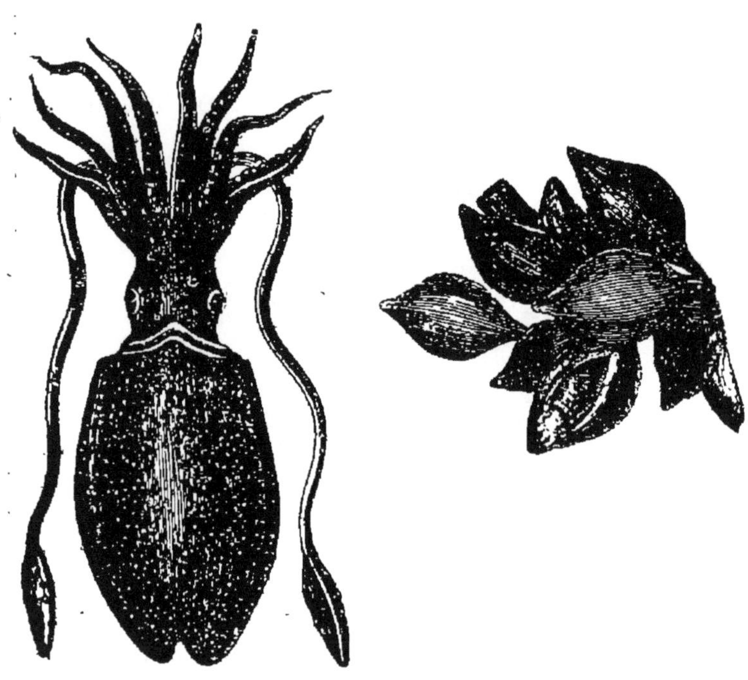

Fig. 31. — Seiche et ses œufs.

yeux de leurs ennemis, et d'où on tire la *sépia*. Pour se déplacer, ils projettent, en se contractant, l'eau que renferme leur manteau. Cette eau, qui s'échappe par un tube situé derrière les yeux, forme un jet assez puissant pour pousser, en frappant l'eau environnante, l'animal en arrière. On a, paraît-il, essayé ce mode de propulsion ou plutôt de répulsion pour les navires, sans beaucoup de succès, du reste. C'est dans les anfractuosités des rochers que se tiennent d'ordinaire les céphalopodes ; un des plus communs est la *seiche*. Ce mollusque a deux gros yeux bleus, ronds et flamboyants; son corps, enfermé dans un sac, est bordé d'une étroite nageoire ; la tête, arrondie, porte au sommet une espèce de bec en corne brune et dure, qui est entouré de dix tentacules flexibles. Ces tentacules ou bras sont munis de ventouses, à l'aide desquelles l'animal fait le vide pour se fixer aux rochers ou étouffer sa proie. Pour manger, la seiche frappe et saisit de ses bras le poisson, le mollusque qu'elle rencontre, et le déchire avec son bec. Les ventouses des tentacules sont, en effet, des instruments de préhension, et non de succion. Il y a de plus, chez la seiche, une sorte d'os plat, longue lame calcaire, formée de feuillets minces, réunis par des milliers de petits piliers. Ce sont ces os, qu'on trouve échoués sur la plage en quantités innombrables, que l'on donne aux oiseaux pour se frotter et s'aiguiser le bec. Les marsouins font aux seiches une chasse acharnée. Au mois de mai, lorsque les seiches viennent à la côte pour y déposer leurs œufs, les marsouins leur coupent la tête et les bras, dédaignant le reste du corps, comme indigne de leur gosier délicat. Le ri-

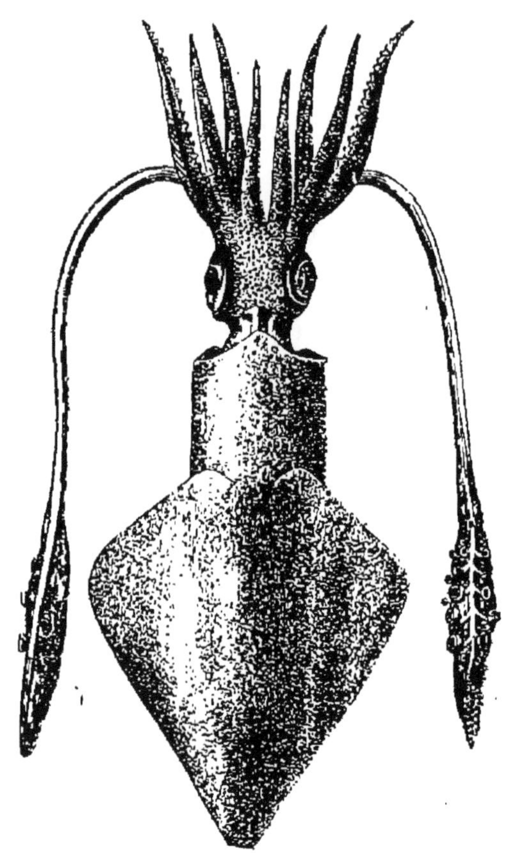

Fig. 32. — Calmar.

vage est couvert, à cette époque, de seiches mutilées. Puis les marsouins, tout heureux de leur abondante chasse, reprennent leurs ébats, en faisant mille bonds gracieux.

Les œufs de seiche, qu'on appelle encore *raisins de mer*, sont des grappes d'un brun pourpré. Chaque œuf est relié à son voisin par un pédoncule flexible. Le petit en sort avec sa forme définitive et va immédiatement se creuser, à l'aide de ses siphons, un trou dans le sable.

A la même famille que la seiche, c'est-à-dire à la famille des *céphalopodes* ou *encornets*, appartiennent les *calmars* et les *poulpes*. C'est pour cela qu'on a pu dire que l'encornet était le plus petit et le plus grand des habitants de la mer. Le calmar a une forme plus allongée que la seiche; son sac, lorsqu'il flotte, se dilate en nageoires de chaque côté; son dos, d'un blanc gris, est varié de petites taches rougeâtres; sa lame dorsale, mince et transparente, ressemble à une barbe de plume. Le calmar se meut avec une certaine rapidité et peut même s'élancer à plusieurs mètres au-dessus de l'eau. On en a pris un, à Nice, qui pesait quinze kilogrammes.

Le plus grand et le plus redoutable de tous les céphalopodes est le *poulpe* ou *pieuvre*. La pieuvre, plus ramassée que le calmar, n'a que huit pieds, mais une tête plus grosse. Son sac, qui renferme deux petits corps durs allongés, est couvert d'une peau rugueuse et dépourvu de nageoires latérales. Elle nage, le corps redressé, en étalant et en agitant ses tentacules; sur les

Fig. 33. — Poulpe.

bas fonds, elle se sert de ses bras pour ramper. Lorsqu'elle a faim, elle ne poursuit pas sa proie; mais elle se cache dans la vase et enlace tout à coup de ses longs bras l'animal qui passe à sa portée. Victor Hugo dit, en parlant du poulpe, que c'est « de la glu pétrie de haine ». Il atteint, dans certaines mers, des proportions absolument colossales et l'on comprend, jusqu'à un certain point, toutes les fables auxquelles il a donné lieu. Sur nos côtes, il garde une taille plus modeste, et c'est pourquoi, à notre grand regret d'ailleurs, nous ne parlerons pas des encornets géants que certains marins ont rencontrés dans des eaux lointaines, et dont les yeux seuls étaient, paraît-il, larges comme des assiettes.

Tous les céphalopodes ne sont pas également nus. L'*argonaute*, qui habite la Méditerranée et qui a été chanté par les poètes de l'antiquité, est enveloppé d'une petite coquille transparente, extrêmement délicate, à laquelle d'ailleurs il n'adhère pas. Comme la seiche, cet animal marche à reculons, en refoulant l'eau. Deux de ses tentacules sont aplatis ; mais il ne s'en sert pas, ainsi qu'on l'a prétendu, comme de voiles : ce sont de simples balanciers.

Il ne nous reste plus, pour avoir parcouru, à grands pas d'ailleurs, toute la famille des mollusques, qu'à jeter un coup d'œil sur ces coquilles microscopiques, qui couvrent la plage de leurs débris. Ces petits êtres ont servi à former des couches de terrain de plusieurs lieues d'étendue, et c'est avec une pierre faite de leurs tests qu'on a construit la plus grande des pyra-

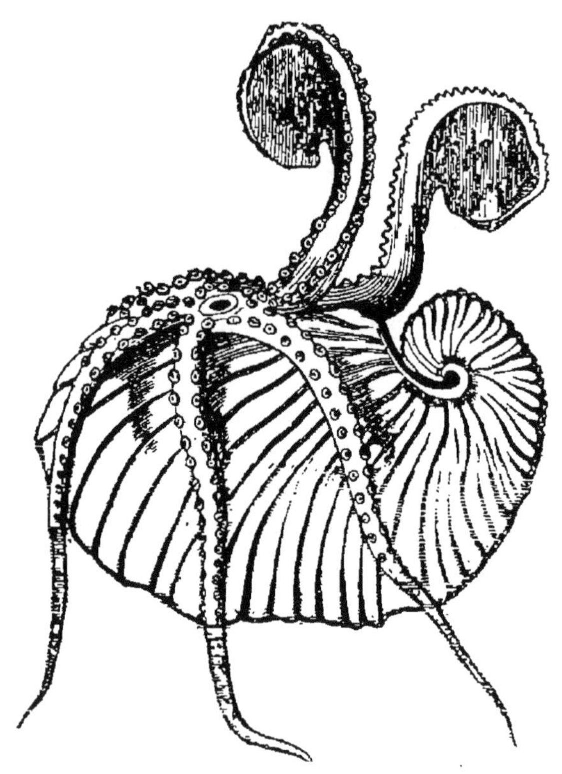

Fig. 34. — Argonaute.

mides d'Égypte. Classés d'abord parmi les mollusques céphalopodes, ils ont été rapprochés, après une étude plus approfondie, des *zoophytes*, et classés sous le nom de *foraminifères*, à cause des nombreux trous dont leur coquille est percée. A côté des foraminifères, on distingue au microscope des milliards d'*infusoires*, animaux et végétaux. Les *diatomées*, grâce à leur enveloppe siliceuse, qui les rend indestructibles, s'accumulent depuis le commencement des siècles; on en trouve partout, dans l'eau, dans l'air, dans le sol, en quantités telles qu'on peut dire que la terre tout entière n'est « qu'une vaste catacombe de diatomées et de foraminifères ». Leurs formes sont si variées et si étonnantes, qu'elles défient toute imagination. Après de longues hésitations, on a décidément classé les diatomées parmi les végétaux.

V.

LES CRUSTACÉS.

Le crustacé. — Crabes; ménade; tourteau; étrille; araignée; faucheur; crabe des moules. — Pagure ou Bernard-l'Ermite. — Homard et langouste. — Crevettes; crangons et palémons. — Talitres.

Si l'on considère de près les crustacés et surtout les *décapodes,* on est vraiment surpris de voir quelles terribles armes la nature a données à ces combattants de la mer; l'on en serait épouvanté, si leur taille modeste ne rassurait immédiatement sur l'effet de leurs attaques. Ce sont des lances effilées, des cuirasses hérissées de pointes aiguës, qui rappellent de bien loin les lourdes et inoffensives armures du moyen âge.

Recouverts d'une coque dure et pierreuse, faite de pièces et d'anneaux, les *crustacés* ont la tête soudée au thorax, et les yeux fixés à des pédoncules qui se meuvent. Les antennes, mobiles et délicates, qui garnissent la bouche, ont le tact à leur extrémité, l'ouïe et l'odorat à leur base. Le corps se compose de deux parties, la poitrine et l'abdomen ; l'abdomen comprend plusieurs segments, qui se développent en forme de queue chez les homards, langoustes, etc. La plupart des crustacés ont dix pieds, dont la première paire est munie de pinces ; l'estomac est garni de fausses pattes qui servent à nager et à porter les œufs ; la plupart des pieds sont, de plus, des organes de respiration. Ces animaux ont un système nerveux assez compliqué, un cœur et des vaisseaux, des branchies, un foie, un sexe et le sang blanc. Ils sont voraces et carnassiers. Dès que l'œil a vu, les palpes touchent, les pinces saisissent, les mâchoires brisent et l'estomac lui-même, qui est denté, sert à broyer. Leurs seuls ennemis redoutables sont les rochers, contre lesquels ils viennent, dans la tempête, briser leur coque dure mais cassante. Souvent ils se battent entre eux et se déchirent mutuellement. Les membres endommagés se séparent à la jointure, laissent un moignon et sont bientôt remplacés par de nouveaux. De là vient cette inégalité de pattes qu'on remarque chez certains individus. Mais les membres ne sont pas seuls capables de re-

Fig. 35. — Crabe ménade.

pousser : la carapace elle-même, devenant

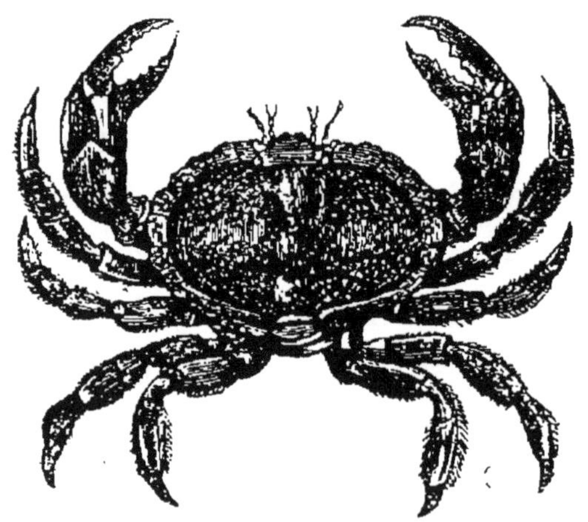

Fig. 36. — Tourteau.

trop petite, à mesure que l'animal grandit, se

détache du corps. A ce moment les crustacés se retirent dans de profondes retraites, car c'est alors que les voisins peuvent prendre leur revanche et les dévorer impitoyablement. Peu à peu la matière calcaire, qui est préparée à l'intérieur, reparaît à la surface et forme bientôt une

Fig. 37. — Étrille.

coque nouvelle. La vieille coque est abandonnée absolument intacte. Le homard se prépare à la mue par le jeûne; il frotte ses pattes les unes contre les autres, s'agite, se replie, se retourne, se gonfle et fait craquer sa coquille entre le premier anneau de l'abdomen et la carapace. Il retire, après avoir dégagé ses yeux, la partie antérieure de son corps, puis, par une brusque secousse, il débarrasse sa queue. Après cette opération, longue et pénible, l'animal, fatigué, prend quelque repos. Les crustacés pondent une grande quantité d'œufs; les petits ressemblent parfois fort peu aux parents; ceux

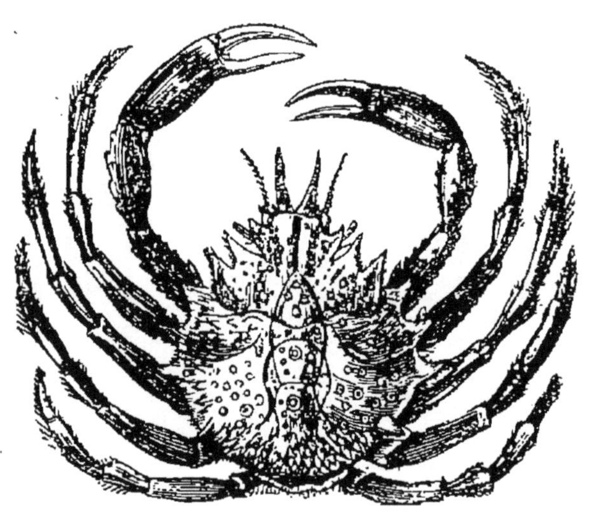

Fig. 38. — Crabe araignée.

du *crabe carcinus*, par exemple, sont pourvus de deux gros yeux, d'une grande queue, et ont le dos armé d'une longue épine. Dans certaines îles, les crabes sont si nombreux et si voraces, qu'ils n'hésitent pas à s'attaquer à l'homme.

Sur nos côtes, les *crabes* se tiennent dans les fentes des rochers, sous les pierres, parmi les algues, c'est-à-dire partout où ils sont à l'abri des vagues de la mer et des attaques de leurs ennemis. Lorsque les eaux montent, ils se rapprochent du rivage et passent la nuit à butiner de ci de là. Sont-ils allés trop loin pour pouvoir regagner leur trou, ils contractent leurs pattes, se blotissent dans quelque coin et attendent le retour de la marée. Les plus grosses espèces ne quittent jamais la mer, et, pour s'en emparer, il faut aller les chercher avec des crochets dans leurs retraites. Certains pêcheurs attachent encore des amorces à une corde retenue par une grosse pierre. Lorsque l'eau est haute, les crabes peuvent facilement traîner l'appât dans leur trou; mais, à mer basse, ils ne sont plus assez forts pour repousser la pierre qui les enferme. On s'en empare alors assez aisément, à condition toutefois d'éviter leurs pinces; la seule ressource, si l'on est pris par l'une, est de briser l'autre pour faire lâcher la première.

Le crabe le plus commun est verdâtre avec des taches brunes; on le voit courir de travers sur la plage, les pinces menaçantes. C'est le crabe *ménade*, qu'on mangeait autrefois pour se guérir de la rage et de la phtisie.

Le *tourteau*, qui reste soigneusement caché dans son trou, est toujours inquiet. Lorsqu'on essaie de le saisir, il fait claquer ses pinces, et, s'il se sent une patte prise, il aime mieux se donner un tour de bras et s'enfuir manchot que de rester captif. Il mesure de vingt à vingt-cinq centimètres et pèse jusqu'à deux kilos. Sa chair est estimée.

On trouve encore au bord de l'eau le *xanthe*

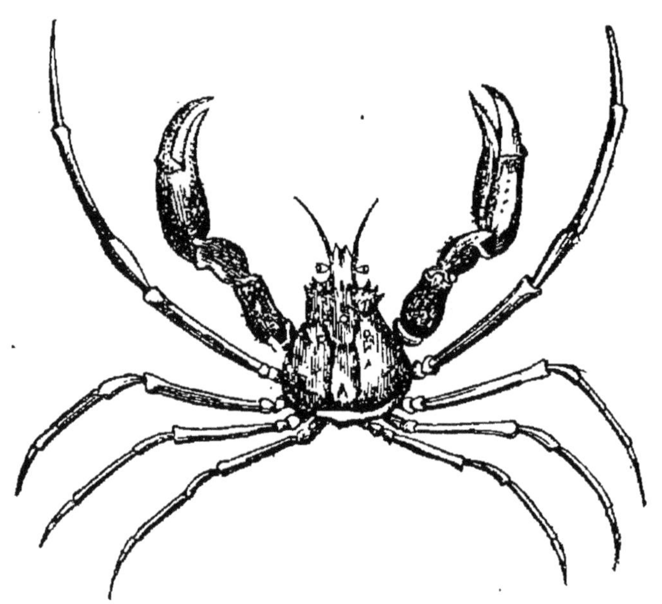

Fig. 39. — Faucheur.

rivuleux, tout petit animal d'un jaune verdâtre, taché de brun rouge et de violet, qui a toujours la pince droite plus grosse que la gauche; — le *xanthe fleuri*, qui a une carapace d'un brun rougeâtre, et les pinces noires; — l'*étrille laineux*, dont la coque brune est couverte d'un duvet jaunâtre, et qui a le dernier article des pattes postérieures aplati comme une rame, ce qui lui permet de nager. L'*étrille de la Manche* est bleu, rayé de violet et de blanc.

Le plus laid de tous est le *crabe araignée*. Cet animal, d'un aspect absolument hideux, est couvert d'une coque hérissée d'épines et de tubercules, dont les côtés sont dentés comme une scie; entre les yeux il porte deux pointes aiguës et longues. Souvent sa carapace est garnie d'herbes et de polypiers, ce qui lui donne un air encore plus étrange. Il vit solitaire et retiré, employant son temps à dévorer des immondices. Il passait chez les anciens pour aimer la sagesse et la musique. Un individu de son espèce était suspendu au cou de la Diane d'Éphèse, comme emblème de ces attributs.

On rencontre parfois, dans le creux des rochers qui restent habituellement submergés, un petit crabe arrondi, brun et couvert de duvet, qui mesure de cinq à huit centimètres : c'est la *dromie*, dont les pinces sont teintées de rose. Naturellement indolente, elle se couvre le dos de quelque coquille ou de quelque polypier, qu'elle maintient à l'aide de ses pattes postérieures. — Le crabe *faucheur* n'est guère plus belliqueux; ses membres sont d'ailleurs très fragiles. Il a la forme d'un triangle dont

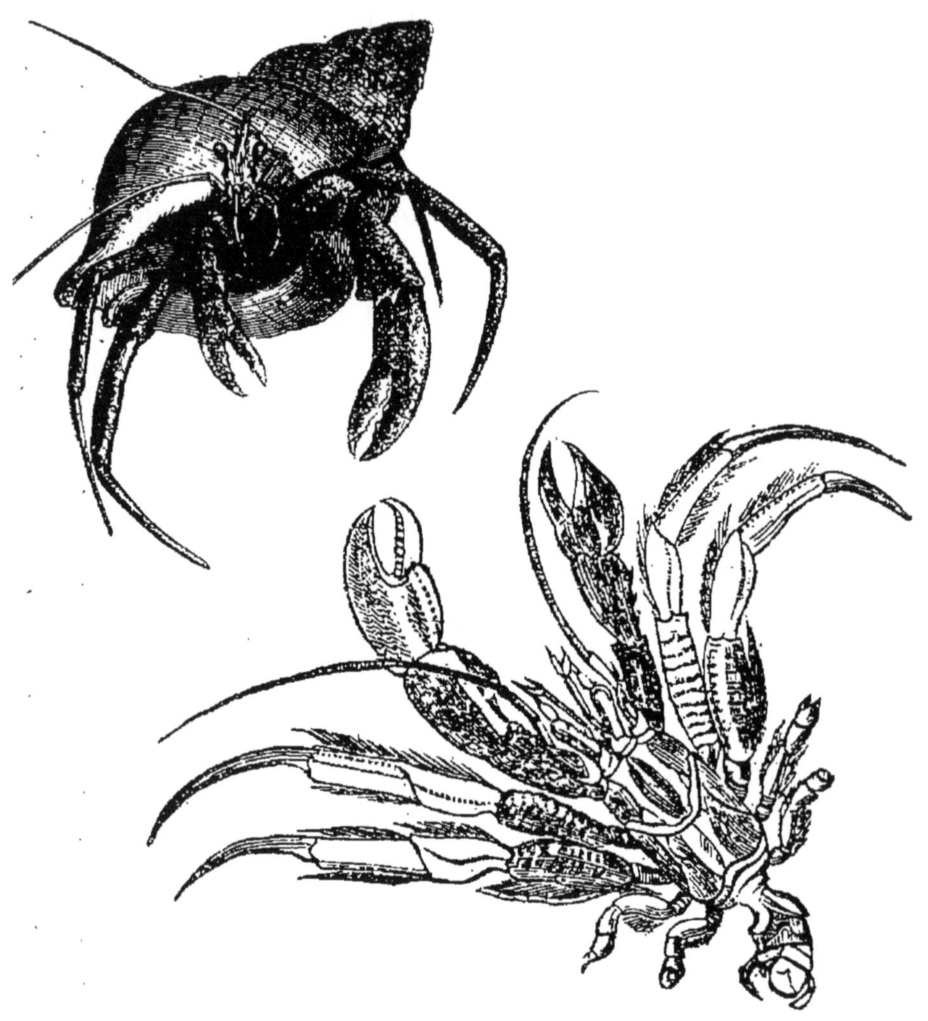

Fig. 40. — Bernard-l'Ermite ou Pagure.

la tête est le sommet. Sa carapace, inégale, hérissée de piquants, est plus longue que large.

Comme les araignées, les faucheurs sont d'infatigables nettoyeurs.

Enfin, le plus petit de tous les crabes est le *pinnothère pois*, qui vit dans le corps même de la moule, sans faire d'ailleurs, dit-on, aucun mal à sa bienfaitrice.

Au lendemain des tempêtes, on remarque souvent échoué sur la grève, un animal curieux qui ressemble à un crabe enfoui dans une coquille de buccin. Ses pinces sont de grosseur inégale et sa tête a de longues antennes mobiles. Cet animal est le *pagure* ou *Bernard-l'Ermite*, qui, pour protéger sa queue molle, doit emprunter une carapace étrangère. Si la coquille, qu'il a choisie pour en faire sa demeure, est vide, il y entre à reculons et s'y installe; si elle est encore habitée, il ne trouve rien de mieux que de manger le légitime propriétaire. « On le voit courir, dit un auteur, emportant sa maison sur son dos, attaquant sans crainte tous les animaux qui passent à sa portée, agitant ses pattes en tous sens et représentant à notre imagination le voyou de la mer. » A mesure qu'il grossit, il prend des coquilles plus larges où, généralement d'ailleurs, il a l'air assez emprunté. Lorsque deux pagures sont en présence, ils se battent inévitablement, se mordent, se déchirent, et finalement le vainqueur mange le vaincu. Pour manger, ils tiennent leur proie avec une de leurs pinces et la dépècent avec l'autre, qu'ils portent à leur bouche.

Un des plus connus et des plus appréciés,

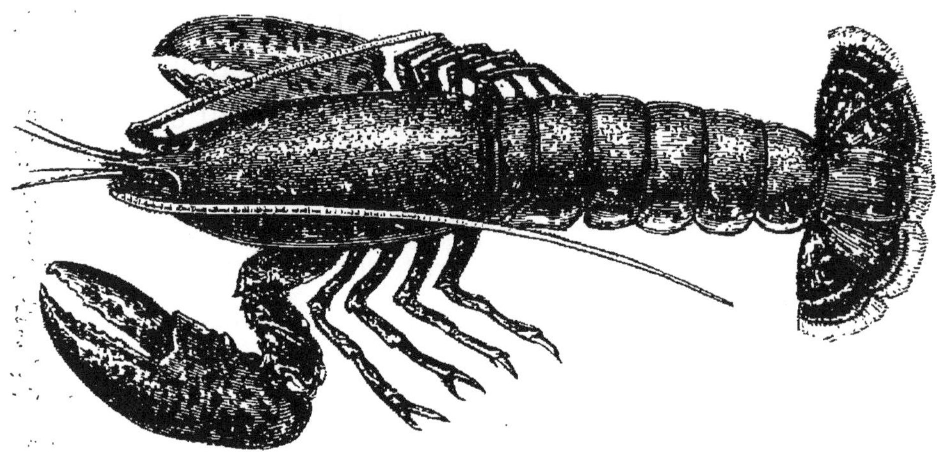

Fig. 41. — Homard.

parmi les crustacés, est le *homard*, sorte de crabe à queue longue. C'est l'abdomen qui s'étend ainsi en arrière et se termine par de petits éventails qui servent de nageoires. Le homard se tient de préférence dans les endroits rocailleux et dans une eau peu profonde. Sa carapace, allongée, presque cylindrique, lisse en dessus, mesure jusqu'à cinquante centimètres. Son bec ou rostre, tridenté de chaque côté, est protégé par de grosses pinces et de longues antennes, qu'il remue en tous sens. Cet animal, vivant, est d'un brun violacé ou verdâtre, avec des taches jaunes.

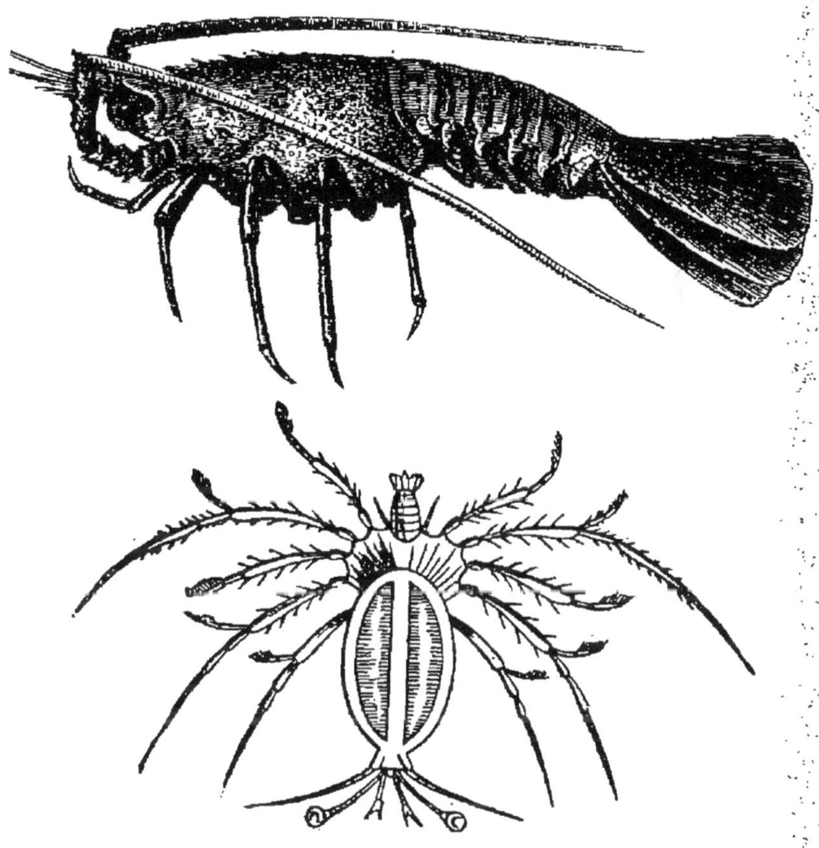

Fig. 42. — Langouste et sa larve.

La *langouste*, plus rare que le homard, est peut-être aussi plus recherchée en France. Sa carapace est épineuse; ses antennes sont plus fortes et hérissées de pointes. Les grosses pinces, qui n'existent pas chez la langouste, sont remplacées par des pieds qui rappellent vaguement les nôtres. Les femelles portent leurs œufs sous le ventre, puis, au bout de vingt jours, les déposent sur les rochers où ils deviennent le jouet des vagues. La jeune lan-

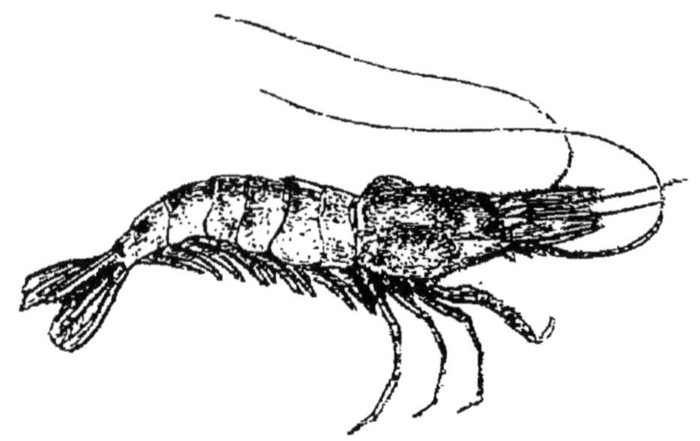

Fig. 43. — Crangon commun.

gouste a une forme bizarre ; son corps, aplati comme une feuille, membraneux, transparent, est divisé en deux parties : d'un côté la tête et les pieds, de l'autre l'abdomen, court et grêle.

Le homard et la langouste sautent et circulent dans l'eau à l'aide de leur queue, qui, en se repliant, les fait aller en arrière. Ils jouissent d'une vue excellente; leurs yeux sont composés de plusieurs petits yeux distincts, reliés par des filets nerveux.

La *gébie* rappelle par sa forme le homard; mais elle ne mesure que cinq centimètres. C'est un modeste crustacé, d'un vert sale, au dos rougeâtre, qui a les segments de l'abdomen bombés et striés. Il vit ordinairement

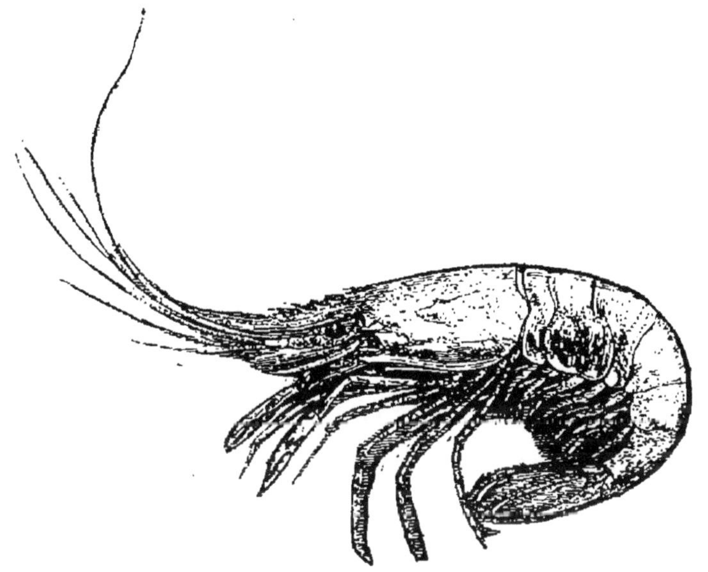

Fig. 44. — Palémon à scie.

dans le sable et ne sort que la nuit, pour faire la chasse aux mollusques.

Plus intéressantes et plus goûtées sont les *salicoques* ou *crevettes*, dont on distingue surtout deux espèces : le *crangon* et le *palémon*. Le crangon, de taille inférieure, a la carapace déprimée et le rostre court; il est d'un gris verdâtre avec des points bruns. A l'approche d'un danger quelconque, il se cache dans le sable.

Le palémon est beaucoup plus courageux; il est vrai de dire qu'il est aussi mieux armé. Sa carapace, cylindrique, légèrement rosée, est terminée par un rostre de grande taille,

Fig. 45. — Talitre.

muni d'une scie. Le palémon, lorsqu'il est attaqué, fait toujours face à l'ennemi, car il sait bien que, grâce à son armure défensive, on ne peut l'avaler qu'en le prenant par derrière. Cependant les crevettes sont la proie de tous les animaux marins, et ce n'est qu'à leur grande fécondité qu'on doit la conservation de leur espèce. Leurs petits ont une forme singulière, une grosse tête, un corps pyriforme et deux petites nageoires; on les trouve toujours très nombreux autour des poissons morts, qu'ils dépècent volontiers. On rencontre encore, dans les flaques d'eau, un palémon de couleur chair, pointillé de brun, avec des bandes violacées sur l'abdomen; un autre, enfin, qui a des lignes rouges et des antennes à anneaux écarlates; mais le plus apprécié est le *palémon à scie*, qu'on appelle encore *bouquet*.

De tous les crustacés, le plus commun est le *talitre* ou *puce de mer*, qui ne dépasse pas douze millimètres de longueur. Ce petit crabe sauteur se tient sur les plages sablonneuses, ou plutôt dessous; et dès qu'une méduse ou quelque autre corps vient échouer sur le rivage, on en voit immédiatement des armées se précipiter sur cette proie facile et, tout en sautillant, de ci de là, nettoyer la plage avant le retour de la marée. Le corps de ce petit animal, de couleur grisâtre, est divisé en plusieurs segments et porté par sept paires de pattes. Pour sauter il replie et détend sa queue; il nage couché sur le flanc.

VI.

LES ANNÉLIDES.

Cirrhipèdes : Anatife (légende), pourcepied, balane. — Annélides tubicoles : Serpules, térebelle, amphitrite. — Annélides errantes : Polynoé, Aphrodite. — Néréides : Nephthys, arénicole, némerte, syllis, myrianes.

A mesure que le flot se retire, on peut observer, à la limite extrême des marées, de curieux petits êtres, composés de plusieurs pièces et portés par un long pied qui les fixe au rocher. Du coquillage, qui a une forme conique, sortent des antennes, ou *cirrhes*, qui servent à l'animal pour saisir les corpuscules dont il se nourrit. Le *cirrhipède*, pour manger, c'est-à-dire pour pêcher, entr'ouvre ses valves, étale en éventail ses bras garnis de filaments soyeux qui, réunis, font un sorte de filet, et ramène à sa bouche tous les petits aliments qu'il trouve en suspension dans l'eau. Au repos, il replie ses antennes dans sa coquille, composée de cinq parties, dont quatre sont régulières et triangulaires ; la cinquième, allongée, étroite, recourbée, forme le dos de l'animal. Les anciens croyaient que les cirrhipèdes, ou *anatifes*, naissaient de bois pourris, de débris en décomposition ; qu'ils se développaient, quittaient leur coquille, tombaient dans la mer, se couvraient de plumes et devenaient avec le temps des canards sauvages. Cette métamorphose s'opérait la nuit, et le lendemain on trouvait sur le rivage la coquille vide. Gérard Herbal, au XVIIe siècle, écrit sur ce sujet : « Dans le Lancashire, il y a une île où l'on rencontre des débris de navires brisés par la tempête, et des troncs d'arbres pourris, qui ont été aussi jetés par la mer. On remarque sur ces bois une sorte d'écume, qui se change bientôt en coquilles dont la forme rappelle à peu près celle des moules. D'un des côtés de la coquille sort un pied par lequel elle s'attache au bois; dans la coquille est une gelée, qui, avec le temps, prend la forme d'un oiseau. Lorsque celui-ci est entièrement formé, la coquille s'ouvre, et la première chose qui paraît est la queue; puis sort le corps, et, à mesure qu'il grandit, il ouvre de plus en plus la coquille, jusqu'à ce qu'il sorte tout à fait et ne pende plus que par le bec. Peu de temps après, il arrive à sa grosseur naturelle et tombe dans la mer, où il se couvre de

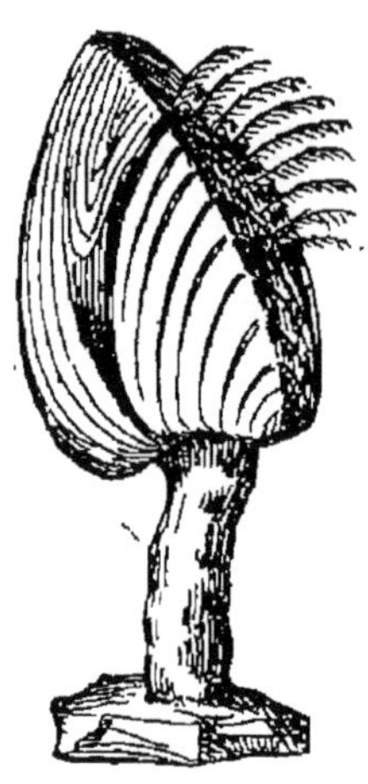

Fig. 46. — Anatife.

plumes et devient un canard. Les habitants du Lancashire le désignent sous le nom de *tree goose*, et il est si commun dans cet endroit qu'on peut s'en procurer pour trois pence. » Cette croyance explique le privilège qu'ont certains oiseaux de mer, notamment la *macreuse*, de pouvoir être mangés en temps d'abstinence. Quant à la légende elle-même, il est difficile d'en trouver l'origine.

De nos jours, elle a cours encore dans certains pays, sans qu'on puisse dire sur quoi elle repose. On trouve souvent, en effet, des coquilles d'anatifes vides; mais, en regardant de près, on découvre au fond les restes de l'animal, qui est bien mort là où il a vécu. Alerte et vagabond dans son enfance, le cirrhipède se fixe bientôt à un rocher et mène une vie sédentaire. Si l'envie le prend de voyager, il s'attache à un navire ou à quelque gros cétacé, et s'en va à travers la mer reproduire sa race.

Le *pourcepied* se distingue de l'anatife commun par un très grand nombre de valves irrégulières et par un pied plus gros et couvert d'écailles.

Le *gland de mer* ou *balane*, de la même famille, est un cirrhipède aux valves quadrangulaires et tranchantes, qui se fixe sur les pierres, les morceaux de bois, les coquilles, et coupe facilement la main du pêcheur ou du savant, qui n'y prend pas garde et s'appuie imprudemment sur le rocher.

Sur les mêmes confins que les anatifes et les balanes, se développent des séries de tubes qui serpentent d'abord sur le rocher, puis se dressent tout à coup, surmontés d'un panache de petits tentacules. Ces tubes, qui se composent d'une pièce unique, striée transversalement, sont habités par un animal dont le corps vermiforme est composé d'anneaux, qui portent chacun une paire de pieds terminés

Fig. 47. — Balane.

par une soie. Les tentacules, qui ressemblent à de petites plumes rouges ou violacées, se ramassent en bouton ou s'épanouissent comme une fleur. Ce sont les bras et les branchies des *serpules*. Ces animaux couvrent de leurs sécrétions, c'est-à-dire de leurs tuyaux, tous les corps sous-marins. Pour les observer dans toutes leurs fonctions, et par conséquent dans tout leur éclat, il faut les examiner dans l'eau, en évitant soigneusement tout bruit et tout choc, car l'animal rentrerait aussitôt ses tentacules, et l'on ne distinguerait plus qu'une petite masse rougeâtre dans chaque cornet.

Fig. 48. — Serpules.

Ces cornets peuvent être de formes diverses, lisses ou rayés, ronds ou anguleux, droits ou tournés en spirale. Leur nombre est infini, leurs variétés sont innombrables.

Parmi tous ces tubes blanchâtres, que nous avons sous les yeux et qui couvrent les rochers, les uns sont formés d'une matière unique; les autres, au contraire, paraissent façonnés de grains de sable et de débris, plus ou moins bien assemblés. Voyez, par exemple, ce petit animal dont la tête est ornée d'un nombre incalculable de filaments. Tous remuent, s'agi-

Fig. 49. — Térebelle.

tent, saisissent, absorbent; ce sont à la fois des pieds, car, en se fixant au sol et en se contractant, ils font avancer l'animal, et des bras, car ce sont eux qui ont construit, avec des grains de sable et un liquide visqueux l'habitation rustique qui sert de refuge à la *térebelle*. D'humeur vagabonde, la térebelle quitte d'ailleurs assez souvent sa maison pour errer sur les rochers, au milieu des petites plantes, à la recherche de quelque butin, ou pour s'abandonner audacieusement à la vague, se laisser négligemment bercer jusqu'à la rive voisine où elle se construira une nouvelle demeure. Le corps de cette annélide, composé d'anneaux et garni de petits mamelons, porte, à son extrémité antérieure, six branchies que la respiration fait tour à tour passer du jaune au rouge et du rouge au jaune.

Moins habile que la térebelle aux cent bras, l'*amphitrite* se bâtit pourtant un logis plus solide, qui ressemble, par sa régularité, à une sorte de mosaïque. Ce petit animal porte, comme le précédent, plusieurs paires de branchies sur le bord de ses anneaux. Il a de plus la tête ornée de deux tentacules plumeux d'un jaune doré, qui s'étalent dans l'eau tranquille. Ces petites annélides sont naturellement timides, et restent parfois plus d'un jour sans s'épanouir. Lorsqu'elles meurent au fond de leur demeure, l'orifice se couvre d'une matière blanchâtre. Ce sont des déshéritées, sans force et sans armes.

Plus fortunées que leurs voisines, les *annélides errantes*, qui ont une tête pourvue d'yeux et une bouche armée de mâchoires, mènent une vie plus variée. Leur corps, composé de nombreux anneaux, pouvant à volonté se raccourcir ou s'allonger, leur permet de ramper avec une certaine vitesse et de nager aisément.

Les annélides ont de nombreux ennemis; aussi, malgré les armes redoutables dont les

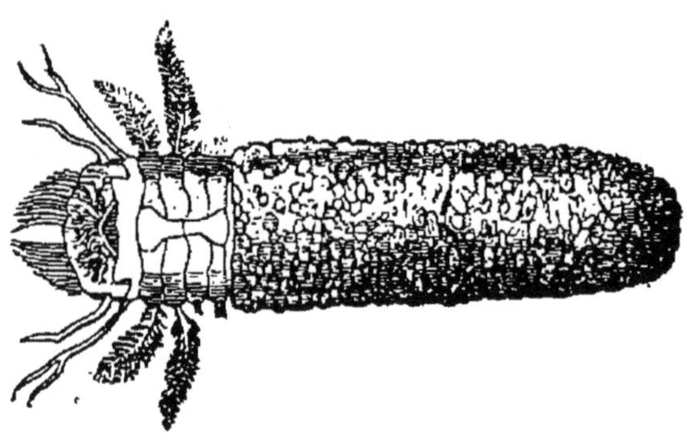

Fig. 50. — Amphitrite dorée.

a munies la nature, ne circulent-elles qu'avec une extrême prudence, en se glissant, sous les pierres ou sous les herbes, dans le sable ou dans la vase. C'est là qu'il nous les faut aller chercher pour faire avec elles plus ample connaissance. Voyez ce petit ver : il se tord comme une anguille près de cette pierre couverte de mousse; c'est le *polynoë à écailles.* Longue d'environ quatre centimètres, cette annélide, de couleur grise avec des points noirs, porte sur le dos de larges écailles. Sa tête est pourvue de quatre yeux, de quatre antennes et de solides mâchoires; ses pieds, qui rappellent les pattes de la chenille, sont munis de soies fines et raides, qui constituent une formidable défense.

Non moins bien armée, mais plus craintive encore, l'*aphrodite hérissée*, ou *souris de mer*, se retire dans les lieux les plus obscurs pour éviter la rencontre des crabes, ses mortels ennemis.

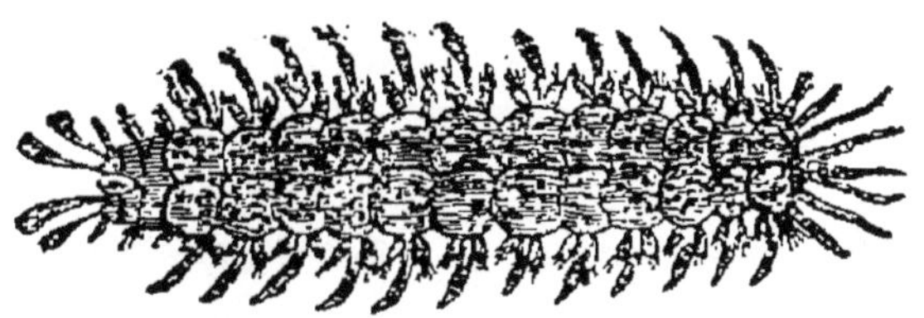

Fig. 51. — Polynoë à écailles.

Elle dérobe ainsi aux regards des profanes les merveilleuses couleurs de son manteau, qui contribueraient certainement à sa renommée, mais qui l'exposeraient aussi plus sûrement aux attaques de ses peu charitables voisins. Lorsqu'elle se sait à l'abri du danger, l'aphrodite se montre dans tout son éclat. De forme ovale, cette annélide a le corps couvert d'une enveloppe brillante, qui cache un certain nombre de plaques écailleuses, sous lesquelles se dissimulent les branchies. Ce vêtement, bordé de longues soies, reflète mille couleurs. Si nous examinions de plus près cette sorte de limace à l'air tranquille, nous serions étonnés de découvrir dans ces poils microscopiques des armes terribles, affectant les formes les plus variées et toutes munies d'une gaîne, dans laquelle elles se retirent au besoin pour ne pas s'émousser.

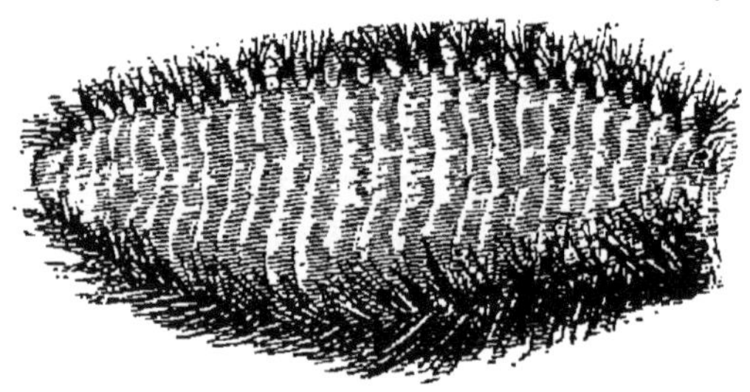

Fig. 52. — Aphrodite hérissée.

Sous les mêmes pierres, dans les mêmes réduits, toujours dans le sable ou dans la vase, les *néréides* déroulent, elles aussi, leurs innombrables anneaux. Ces annélides portent leurs branchies sous les pieds. Elles se réfugient volontiers dans les coquilles; on en trouve parfois dans les huîtres. La *nephthys*, qu'on appelle vulgairement *chatte*, est une néréide très recherchée des pêcheurs, comme appât. C'est un long ver aplati, d'un blanc d'argent, avec une raie rouge sur le dos; la tête, en forme de trompe, est garnie de mâchoires et de tentacules; les pieds sont munis de soies et de

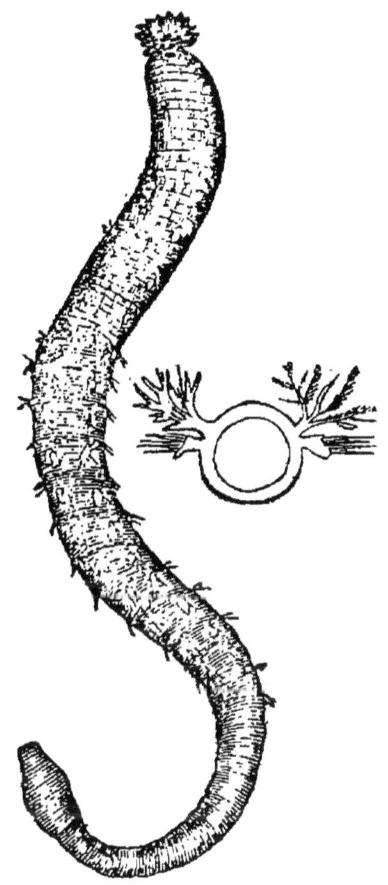

Fig. 53. — Arénicole.

branchies. Le nombre des anneaux, qui atteint deux cents, augmente avec l'âge. — Aussi commun que la nephthys, l'*arénicole* sert, comme sa voisine, d'amorce pour le poisson.

Cette annélide, qui ressemble au ver de terre, se creuse dans le sable des galeries d'un pied de profondeur. Sa présence nous est révélée par les petits cordons de sable qu'elle

Fig. 54. — Némerte.

retire de son trou, et qui restent sur la surface unie de la plage. Si l'arénicole redoute quelque danger, elle s'enfonce si profondément qu'il est presque impossible de l'atteindre. Son corps, brun ou jaune, porte, de chaque côté, des branchies écarlates, et, renflé dans sa partie antérieure, se termine par une trompe, dont l'animal se sert pour creuser ses galeries. Cette trompe, enfoncée une première fois dans le sable, s'y fixe et tire à elle le reste du corps; le ver se maintient dans cette position avec ses soies, répète son premier mouvement et ainsi de suite jusqu'à ce qu'il ait atteint une profondeur suffisante. Quelques minutes d'ailleurs lui suffisent pour se cacher convenablement.

Le géant de la famille, c'est la *némerte*. Descendons, si vous le voulez bien, jusqu'à l'extrême limite des basses eaux. Nous avançons sur de grosses pierres couvertes de mousse verte, de laminaires, de plantes gracieuses; et, parmi toutes ces frondes aux formes variées vivent et circulent des milliers d'animaux. A chaque pas nous voyons des crabes gagner à la hâte leurs retraites, tout en levant leurs pinces menaçantes; des mollusques rentrer vivement dans leurs coquilles; au pied des actinies, qui ressemblent à de jolies fleurs épanouies, ramper lentement des annélides. Voici une sorte de lacet noirâtre, vingt fois replié sur lui-même, qui peu à peu se déroule sur le sable. Le corps de ce petit animal, légèrement aplati et de la grosseur d'un tuyau de plume, est divisé en anneaux; il mesure une dizaine de pieds, environ : c'est la némerte. Lorsqu'elle guette une proie, la némerte ouvre la bouche et allonge une sorte de trompe dont elle enveloppe sa victime. Celle-ci se débat sous l'étreinte, mais vainement; bientôt elle succombe épuisée, et la némerte l'attire à elle et l'avale, comme un boa ferait d'un lapin. On peut même suivre de l'œil le trajet de l'animal dans le corps du ver, qui

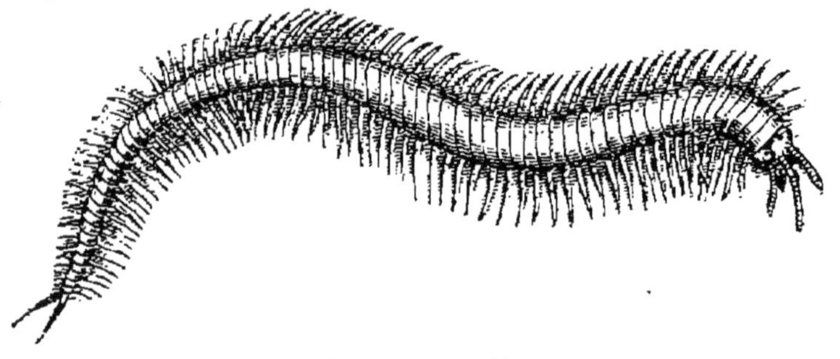

Fig. 35. — Syllis.

se replie de nouveau sur lui-même, pour digérer en paix.

La némerte, avons-nous dit, est composée d'une série d'anneaux. D'une façon générale, l'organisme chez les annélides ne se partage pas, comme chez la plupart des animaux, en trois parties, tête, poitrine et ventre; il se compose d'une série d'anneaux qui se ressemblent tous, et qui, munis de ganglions nerveux et de membranes rudimentaires, forment autant de petits êtres successifs et distincts. Certains vers se multiplient par leurs anneaux mêmes. La *syllis*, par exemple, se reproduit de deux manières, par oviparité et par scission. Dans le second cas, on voit sortir du dernier anneau une tête, un corps, un être nouveau, qui se détache du corps de la mère, mais qui, chose étonnante, est privé lui-même de ce curieux mode de reproduction : il dépose des œufs ou les féconde, et meurt.

Les *myriannes* sont plus intéressantes encore. On peut voir quatre ou cinq de ces annélides se formant bout à bout, et sortant les unes des autres. C'est grâce à une organisation analogue que les vers de terre continuent à vivre malgré plusieurs mutilations. A mesure qu'on descend dans l'échelle des êtres, le système nerveux est de moins en moins centralisé, et l'on ne trouve plus chez les *zoophytes* qu'un amas confus de matière nerveuse. L'animal confine à la plante.

VII.

LES RADIAIRES.

Holothurie. — Oursins. — Étoiles de mer. — Aquarium.

Après la tempête, lorsque les eaux se retirent au delà des limites ordinaires de la basse mer, on rencontre, au milieu des corrallines, un petit animal qui ressemble à un concombre; c'est le *trépang* ou *holothurie*. Une ouverture, la bouche, bordée d'un cercle de tentacules, ramifiés en couronne, se dessine en entonnoir à l'extrémité antérieure du corps, qui a une forme cylindrique et qui est partagé en cinq bandes par deux rangées de pieds. Un canal unique, renflé au niveau de l'estomac, vient se terminer dans une sorte de cloaque, où se trouve l'appareil respiratoire. On distingue aussi des vaisseaux sanguins et quelques tubes blanchâtres, qui sont les ovaires. L'holothurie se défend en lançant de l'eau avec un si grand effort que parfois ses intestins suivent.

Les Chinois la mangent volontiers et les Malais la pêchent avec un bambou armé d'un crochet. Sur nos côtes, on trouve le *concombre*

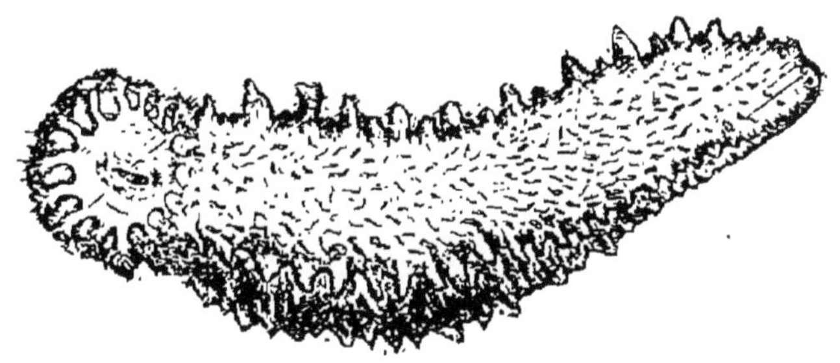

Fig. 56. — Holothurie.

de mer dans les recoins obscurs des rochers; sa couleur est brune et sa taille ne dépasse guère vingt centimètres.

Les *oursins*, comme tous les radiaires, ont les organes disposés autour d'un axe longitudinal. Ce sont des boules hérissées d'épines, variées de lilas et de vert. L'animal, mou et gélatineux, est enfermé comme une châtaigne dans sa coque.

De forme globuleuse, aplatie aux extrémités, cette coque est composée d'un grand nombre de pièces polygonales, qui ressemblent aux côtes d'un melon.

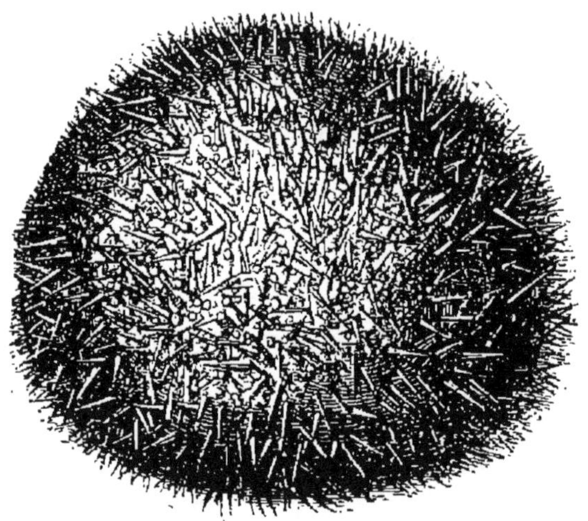

Fig. 57. — Oursin ou châtaigne de mer.

Elle est, de plus, percée de séries régulières

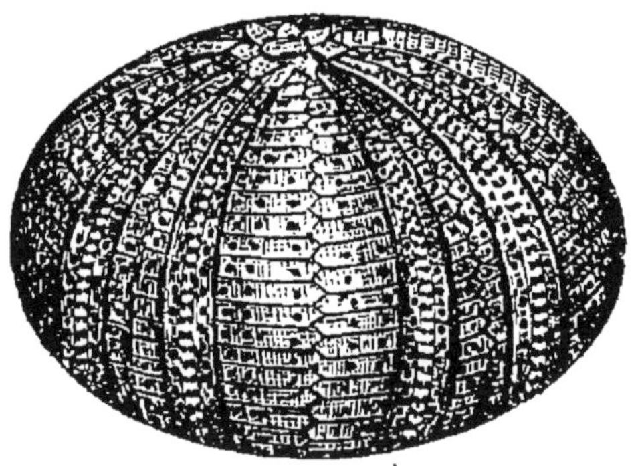

Fig. 58. — Enveloppe d'oursin.

de trous par où sortent des pieds rétractiles, qui s'allongent au delà des épines pour se fixer aux corps solides. Au centre du disque, se trouve un appareil curieux, appelé *lanterne d'Aristote*, qui n'est autre chose que la bouche, armée de cinq dents aiguës et blanches, qui ressemblent aux dents des mammifères.

La membrane intérieure, ou manteau, adhérente à chaque plaque de la coque, y dépose de la matière calcaire et permet à celle-ci de se développer sans perdre sa forme primitive. L'oursin commun, ou *oursin comestible*, est gros comme une pomme; il se tient d'ordinaire sous les pierres, parmi les herbes, ou sur le sable. Les trous de sa coquille sont rapprochés par paires, et forment dix rangées; ses épines sont courtes et violettes.

On mange de préférence les femelles pleines d'œufs, et cela, comme on mange un œuf à la coque; aussi les appelle-t-on quelquefois *œufs de mer*. Les oursins se meuvent assez difficilement. Chacun de leurs nombreux pieds ressemble à un clou à grosse tête, enfoncé dans la peau de dedans en dehors. La tête consiste en une petite vessie pleine d'eau. Ce liquide, lancé vers l'extrémité, la raidit; le pied, qui se termine par une ventouse, s'accroche aux aspérités qu'il rencontre, et l'animal chemine ainsi, dans tous les sens, mais de préférence, la bouche tournée vers le sol. Il parvient à se creuser des trous dans les roches les plus dures, grâce à ses dents puissantes, terminées par des pointes dures, mues par des muscles vigoureux, et qui agissent comme de véritables pics; l'eau de la mer favorise ce travail,

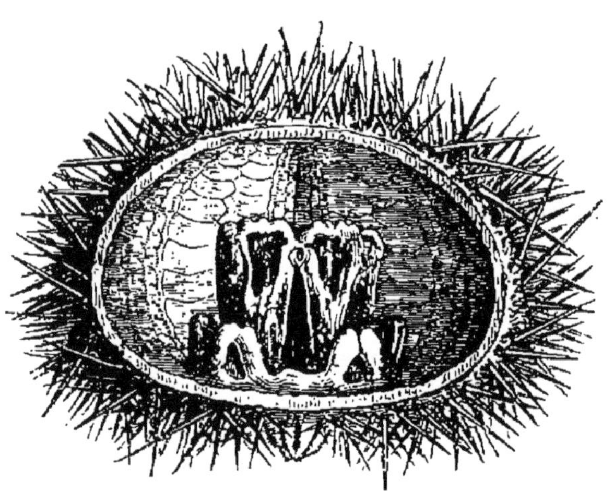

Fig. 59. — Lanterne d'Aristote chez un oursin.

en ramollissant la pierre. Composées de deux mille quatre cents pièces qui se démontent à volonté, ces « pauvres boules roulantes », livrées aux caprices du flot, cherchent, avant tout, leur sécurité. Pendant l'été, les oursins abandonnent leurs trous pour descendre dans une eau plus profonde.

Si l'on étendait horizontalement autour du

centre les cinq rayons d'un oursin, on aurait une *astérie* ou *étoile de mer*. La face supérieure de l'astérie est couverte d'une peau dure et chagrinée, d'un rouge sombre ou violacé; au

Fig. 60. — Étoile de mer.

centre de la face inférieure, se trouve la bouche, garnie de dents, et derrière, l'estomac qui s'étend jusque dans les rayons. Les étoiles de mer se meuvent, comme les oursins, à l'aide de tentacules. De petits canaux, en nombre considérables, groupés près des pieds, servent à la respiration. On remarque, à l'extrémité de chaque rayon, des points colorés, qui sont peut-être des yeux.

On trouve des astéries sur la plage, à mer basse : si les rayons sont fermes, c'est que l'animal est vivant. Lorsqu'une étoile de mer a perdu

Fig. 61. — Soleil de mer.

un membre, il en repousse bientôt un nouveau, et, chose curieuse, chaque portion importante, retranchée du corps de l'astérie, peut devenir à son tour un animal complet. Pour s'emparer des mollusques, les étoiles font sortir la peau de leur estomac, en enveloppent leur proie, qu'elles absorbent, et rejettent bientôt la coquille de la victime. Leur corps, assez flexible pour leur permettre d'escalader toutes les aspérités, est muni d'une charpente osseuse, qui se divise en cinq colonnes, composées de vertèbres articulées, avec des branches cartilagi-

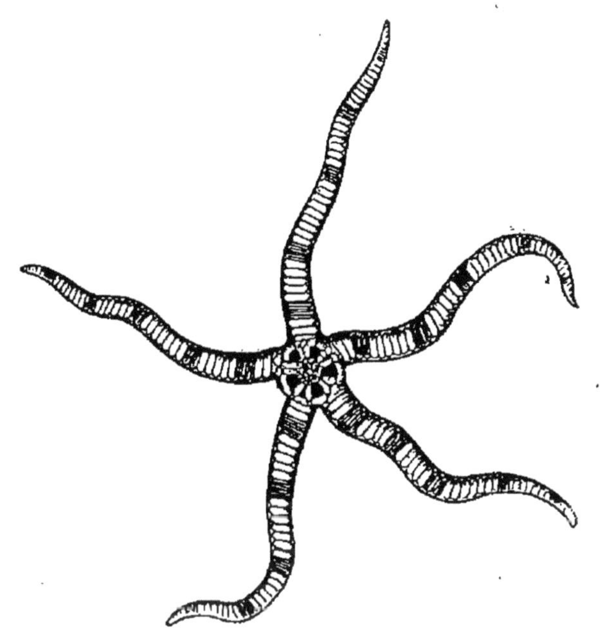

Fig. 62. — Étoile à queue de serpent.

neuses. L'*astérie commune* est de petite taille; l'*astérie orangée* est plus grande.

Le *soleil de mer*, ou *étoile fragile*, se compose de douze rayons et d'un large disque de couleur éclatante. Ses rayons sont aussi fragiles que la queue des lézards.

L'*ophiure*, plus petite et plus résistante, se

tient sur les rochers. Ses rayons, dépourvus d'épines, sont garnis d'écailles imbriquées. La bouche des ophiures s'ouvre au milieu de la face inférieure, et l'estomac tout entier est contenu dans le disque.

Des ophiures, on peut rapprocher les *cri-*

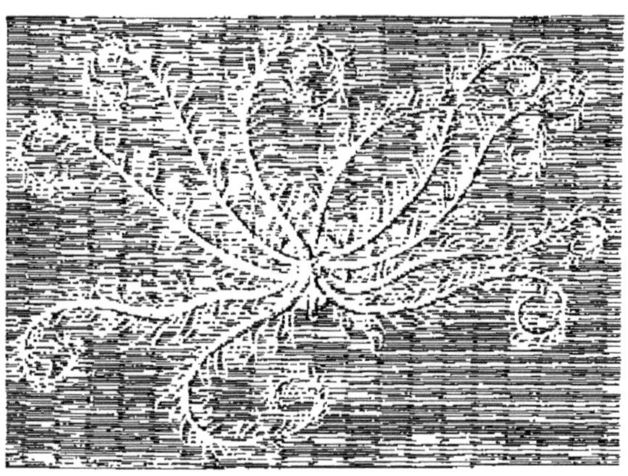

Fig. 63. — Comatule de la Méditerranée.

noïdes, dont les bras sont plus ou moins ramifiés et composés de pièces articulées. Ces animaux se fixent sur le sol ou sur les algues à l'aide d'une tige flexible qui se brise chez les *comatules* adultes.

Le frai des astéries est venimeux : il fait enfler la main lorsqu'on y touche. Les moules, qui s'en nourrissent, deviennent en certaine saison, une nourriture des plus dangereuses.

Pour conserver aisément les étoiles de mer, on les lave à l'eau douce et on les fait sécher.

A ce propos, disons qu'on peut facilement conserver vivants les petits animaux et les plantes, dont nous avons parlé déjà ou que nous rencontrerons plus tard, il suffit pour cela d'avoir chez soi un *aquarium*, c'est-à-dire un réservoir d'eau de mer. Les personnes, qui habitent près des côtes, peuvent alimenter facilement leur aquarium; les autres doivent avoir recours à des moyens artificiels.

Un litre d'eau de mer est ainsi composé :

Eau distillée..............	966
Chlorure de sodium........	26.25
Chlorure de magnésie.......	3.55
Sulfate de magnésium.......	2.20
Chlorure de potassium......	0.73
Carbonate de chaux.........	0.03
Sulfate de chaux...........	1.36

Dans la pratique, on peut simplifier cette formule de la manière suivante :

Sel commun..............	100.gr.
Sel d'Epsom..............	8.80
Chlorure de magnésium....	14.29
Chlorure de potassium......	3.00
Eau de rivière.............	4. litres.

La température de l'Océan variant entre 6° et 20°, il sera bon de maintenir l'eau de l'aquarium à 13° environ. Dans ce milieu, les animaux absorbent l'oxygène et rejettent le gaz carbonique; les plantes, au contraire, absorbent le gaz carbonique et rejettent l'oxygène.

VIII.

LES POLYPES.

Polypes. — Actinies ; corail ; madrépores ; alcyon ; sertulaires ; plumulaires ; cellulaires ; lepralia ; flustres. — Méduses : Béroé ; noctiluque. — Éponges. — Infusoires.

On trouve sur les rochers, de petites masses charnues, qu'on prendrait sous l'eau pour des fleurs animées, agitant leurs pétales. Au milieu de nombreux tentacules s'ouvre la bouche, qui conduit immédiatement à l'estomac. Les *actinies*, ou *anémones de mer*, c'est ainsi qu'on les appelle, sont douées de sensibilité; elles se ferment au toucher. Pour se mouvoir, elles avancent lentement leur pied dans le sens où elles veulent aller, le fixent au sol, puis, grâce à ce point d'appui, attirent le reste du corps; ou bien encore, elles se retournent sur leurs tentacules, qu'elles gonflent d'eau à volonté, et s'en servent pour marcher. Sont-elles arrivées à leur but, elles s'attachent au rocher en faisant le vide, et avec tant de force, qu'elles se laissent déchirer plutôt que de céder. Les actinies, qui sont très voraces, se nourrissent de crabes et de divers coquillages, qu'elles

Fig. 64. — Actinie pourpre.

enferment d'abord dans leur estomac et dont elles rejettent plus tard les débris. Une voisine, moins robuste, a-t-elle dévoré une proie qu'une autre convoitait, celle-ci saisit son ennemie, l'avale, lui vide l'estomac et la rend aussitôt à la liberté. Ces petits animaux ne sont, à proprement parler, que des estomacs organisés, qui se réparent, lorsqu'ils ont été déchirés, et dont une partie séparée peut devenir à son tour un être complet. Leur substance nerveuse est disséminée par tout le corps.

L'*actinie pourpre*, ou *anémone lisse*, se tient sur les rochers de la Manche : c'est

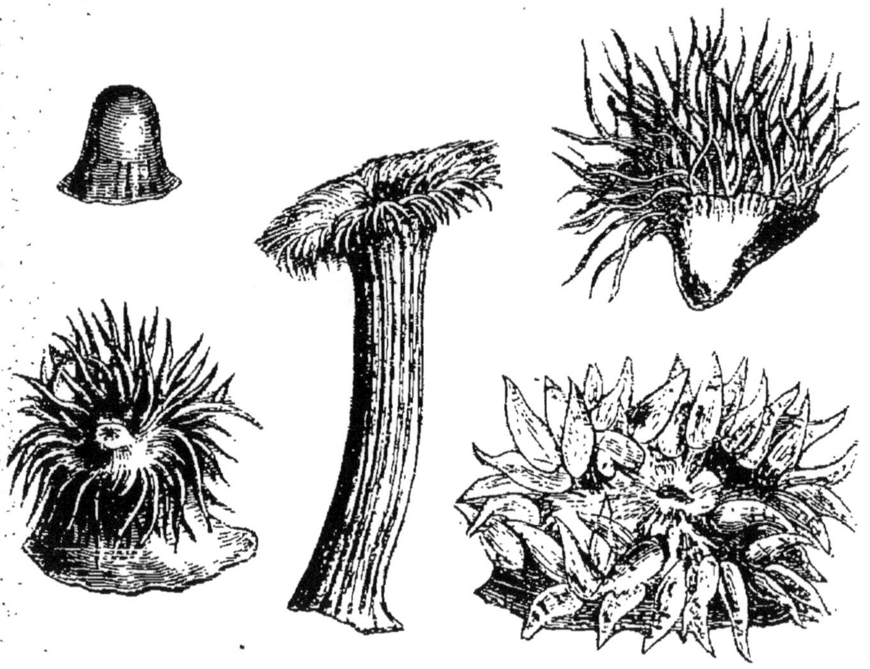

Fig. 65. — Actinies onduleuse, cavernale, recourbée.

une petite masse de gelée, à la surface unie, de la grosseur d'une prune, qui est à la fois douce et ferme au toucher. Il suffit, pour la détacher, de faire pénétrer de l'air sous la ventouse. De couleur pourpre et rayée de vert, elle porte, autour du pied des tentacules, une couronne de globules bleus. Grâce à un estomac très complaisant, cet animal peut rester plusieurs heures sans eau et plusieurs jours sans nourriture, quitte, naturellement, à se ratrapper à la prochaine occasion.

Les actinies dites *aux cornes épaisses* ont

Fig. 66. — Corail et son polype.

des tentacules plus courts, mais plus robustes, et mesurent jusqu'à dix centimètres de diamètre. Roses, lilas, écarlates, grises ou vertes, elles portent, à la base des tentacules, un anneau rosé. Leurs bras sont aigus comme des limes, et on suppose qu'ils sont doués de quelque propriété, électrique ou venimeuse, qui tue les animaux qu'ils enveloppent. Les différentes espèces d'anémones sont très variées; l'*actinie verte* ressemble à une émeraude; — la *pâquerette de mer*, à une marguerite des

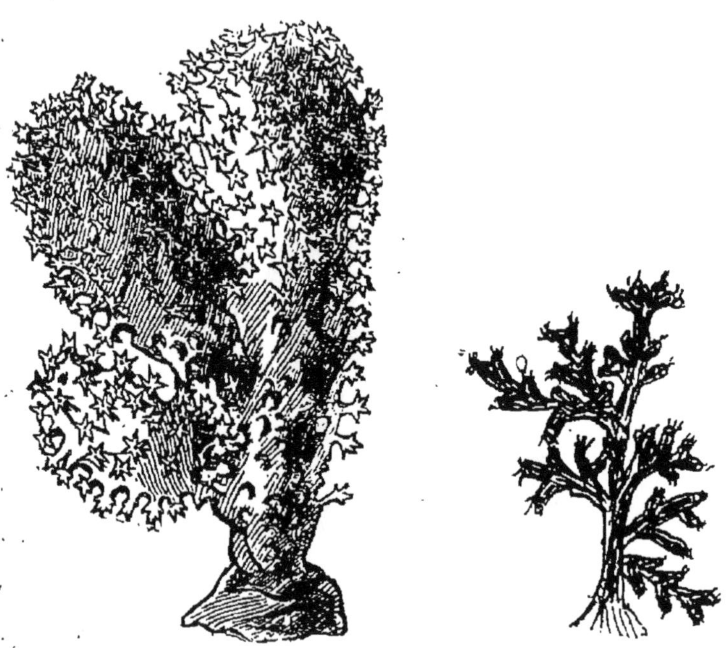

Fig. 67. — Alcyons digité et pélasgique.

champs. Malgré leurs téguments coriaces, on les mange dans certaines contrées.

D'une façon générale, les *polypes anthozoaires* ou *animaux-fleurs* sont faits d'un tissu très délicat. Les plus petits sont à peine visibles à la loupe, mais si nombreux, qu'en sécrétant des matières calcaires, ils peuvent construire des îles entières (*madrépores* et *coraux*). Parfois ils s'unissent en colonnes pour former des animaux multiples, unis sous certains rapports, distincts sous d'autres. C'est ainsi qu'est constitué le *corail*, qui ne se rencontre, sur nos côtes, que dans la Méditerranée. On prenait autrefois les coraux pour des cristallisations de sels, ou encore pour de véritables fleurs, à cause de l'empatement du pied, de l'écorce et des pétales qui semblent s'épanouir aux extrémités. On sait aujourd'hui que ce sont des polypes, qui se logent dans le polypier et le développent. Ces petits êtres, mous et blanchâtres, ont chacun huit tentacules à bords frangés. Des canaux, creusés à travers les parois solides, leur permettent de communiquer entre eux.

Fixé au rocher, le corail s'accroît par couches successives, grâce à des animaux nouveaux, qui viennent s'attacher à l'extrémité de la première agrégation et qui se mettent eux aussi à sécréter du carbonate de chaux et une matière colorante. Ces polypes ont leur volonté propre, mais la nourriture que prend l'un sert également à tous les autres. Lorsque cette sorte d'enveloppe vivante sèche et tombe, le polypier reste seul.

On pêche le corail à l'aide de filets attachés à des bâtons en croix; les bâtons brisent les branches et les font tomber dans les filets. Dans les mers tropicales, les madrépores présentent

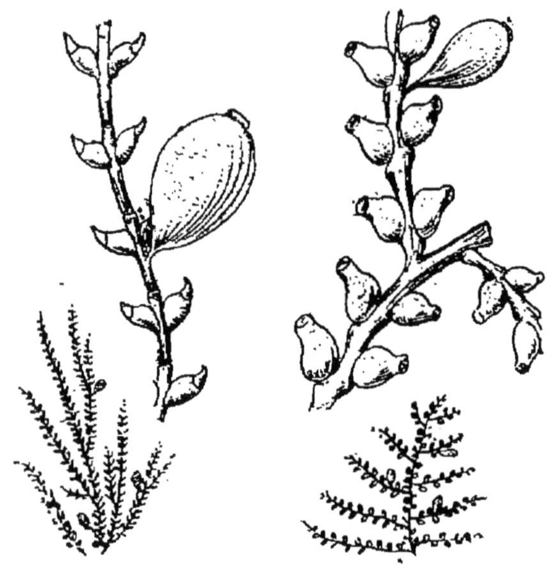

Fig. 68. — Sertulaires.

des variétés infinies; dans la Méditerranée, près de Marseille, le seul corail qu'on trouve est rouge. Les polypes se reproduisent par des œufs, ou par des bourgeons, qui restent ordinairement adhérents à la mère. Le petit, qui s'est séparé, commence par chercher un point d'appui, s'y établit le plus solidement possible, puis germe à son tour et bourgeonne comme un arbre.

Ce pied unique et de si modeste origine grandit peu à peu, se développe, se multiplie et forme bientôt un gros récif contre lequel viennent échouer les débris des côtes voisines et qui s'étendra assez largement pour offrir, au bout d'un certain nombre d'années, une île nouvelle aux yeux surpris du navigateur. La chaîne du Jura est presque entièrement composée de polypes pierreux.

L'*alcyon digité*, ou *main de mer*, est une autre variété de polype d'un brun rougeâtre, composée d'une susbtance charnue et coriace, percée de nombreux trous étoilés. De chaque trou sort un petit animal, transparent, muni de huit tentacules épanouis en fleur. La partie inférieure est la cellule *polypifère;* en se contractant, elle ramène toutes les autres, ce qui prouve que les polypes sont unis entre eux. Toutes les cavités abdominales communiquent par de petits canaux; la nourriture est commune pour cette république en miniature.

Les *sertulaires* sont de petites touffes de filaments jaunâtres qui s'attachent aux rochers, aux coquilles, et qui ressemblent à des plantes aux tiges grêles, ramifiées, garnies de cellules saillantes et légèrement transparentes. Dans l'eau, on prendrait les sertulaires pour des fleurs épanouies, à têtes étoilées.

Les *plumulaires* sont des polypes dont les rameaux, recourbés de chaque côté de la tige,

Fig. 69. — Cellulaires géniculée, à tête d'oiseau et raboteuse.

rappellent des plumes. Les cellules sont toutes disposées d'un même côté des rameaux. Chaque polypier porte de huit à dix polypes, qui vivent en société et se fixent sur les fucus.

Les *cellulaires* ont des tiges grêles et rameuses; les cellules, moins saillantes, semblent faire partie des tiges et sont couvertes d'un enduit brillant. La *cellulaire géniculée* se trouve ordinairement sur les *laminaires*, à la limite des basses eaux. Chaque cellule du polypier prend naissance sur la face dorsale de la précédente. Mais la plus curieuse des cellulaires est celle qui ressemble à un petit arbre de six à huit centimètres de haut, dont les branches sont parsemées de cellules où vivent des polypes

Fig. 70. — Lepralia.

à tête étoilée. A chaque cellule est attaché un appendice en forme de bec d'oiseau, qui s'ouvre et se ferme selon les besoins de l'animal. La *cellulaire à tête d'oiseau* vit habituellement sur les tiges des grandes algues.

Les *lepralia* forment, à la surface des plantes et des coquilles, une sorte de croûte calcaire. Ces polypiers se composent de cellules à parois communes, disposées par séries, comme les écailles des poissons. Chaque cellule est habitée par un animal qui agite constamment ses tentacules.

Les *flustres* se composent de deux rangs de

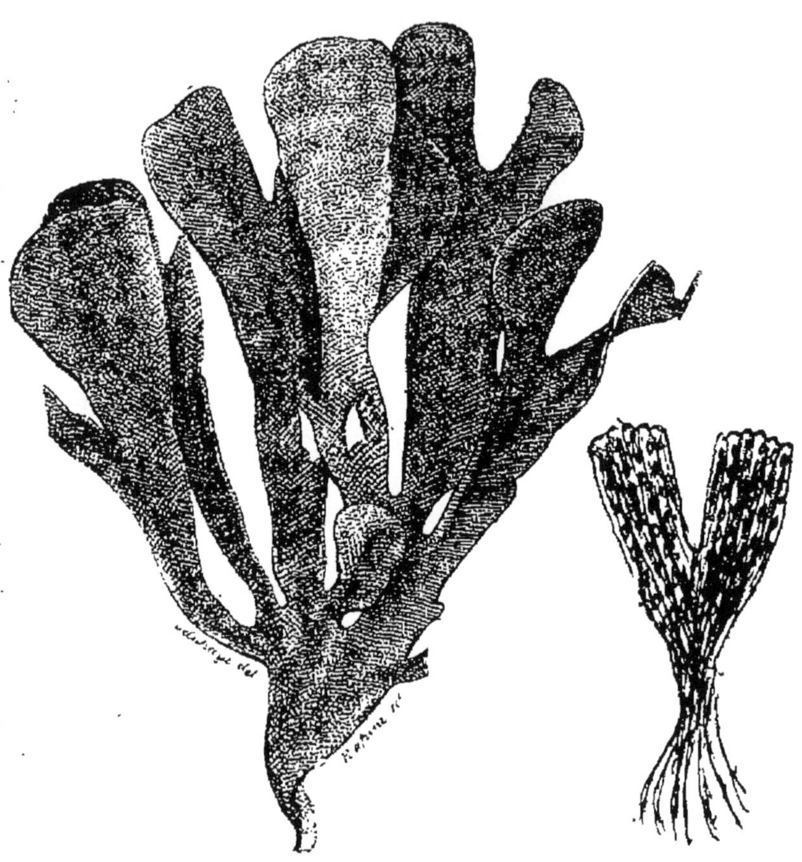

Fig. 71. — Flustres foliacée et tronquée.

cellules, unies dos à dos. Leur substance est cornée et flexible. La *flustre foliacée*, la plus commune sur nos côtes, ressemble à un fucus ramifié à frondes aplaties, d'un blanc jaunâtre;

9.

elle atteint en grandeur un mètre en tous sens. Lorsqu'on la prend à la main, on la sent raboteuse, à cause des cellules épineuses qui la

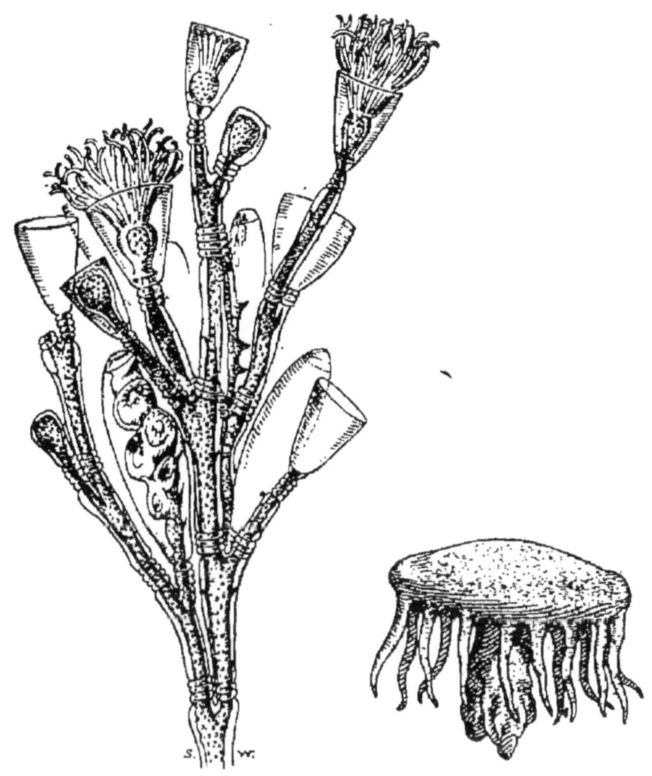

Fig. 72. — Campanulaire et méduse de la campanulaire.

composent. En forme de raquettes, ces cellules sont garnies, de chaque côté, d'un rebord armé de quatre épines.

Pour ne pas prolonger indéfiniment cette énumération, arrivons, sans plus tarder, aux *méduses.* Certains polypiers, les *campanulaires*, qui restent fixés aux rochers, donnent naissance à deux sortes d'êtres différents, les uns ressemblant à leurs parents, les autres à des champignons : ce sont les méduses. La

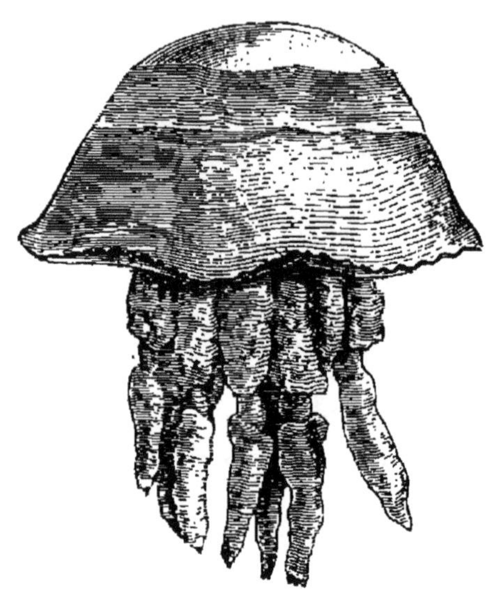

Fig. 73. — Rhizostome bleu.

méduse, à son tour, dépose des larves qui deviennent des campanulaires; de sorte que les nouveau-nés ressemblent ici, non pas à leurs mères, mais à leurs grand'mères.

Les *méduses communes* sont des corps gélatineux, bleuâtres, qu'on trouve souvent échoués sur le sable, et qui se composent de deux parties, d'un disque en ombelle et d'appendices qui servent à la respiration et à la manducation. Soutenus par l'eau, tous ces organes s'affaissent lorsqu'ils sont à sec. Rien n'est plus éphémère, plus fugitif que « ces filles de la mer », dont le blanc d'opale est varié des nuances les plus douces. Parfois, le vent les pousse à la côte; elles viennent alors échouer et mourir sur la plage. Bientôt elles perdent leurs fraîches couleurs, et si l'on a l'imprudente curiosité d'y toucher, on ressent à la main des piqûres, comme celles d'une ortie, dues à un liquide âcre et brûlant, qu'elles sécrètent en se desséchant au soleil.

Le *rhizostome bleu*, qu'on rencontre souvent sur nos plages, a une ombelle de soixante centimètres environ, d'un bleu pâle, avec quatre paires de bras fourchus et dentelés, garnis chacun, à la base, de deux oreillettes également dentelées. Les méduses, en effet, n'ont pas de bouche, mais des suçoirs; la cavité digestive se prolonge dans le corps tout entier en canaux vasculaires qui remplacent le cœur et l'estomac. Au printemps et en été, on les voit nager sur nos côtes, le corps légèrement incliné; elles ne se dirigent vers la terre que poussées par le vent et viennent facilement y échouer. Souvent elles flottent à l'aventure et deviennent la proie des poissons et des oiseaux de mer. Ne pouvant descendre dans l'eau profonde, elles sont condamnées à vivre à la sur-

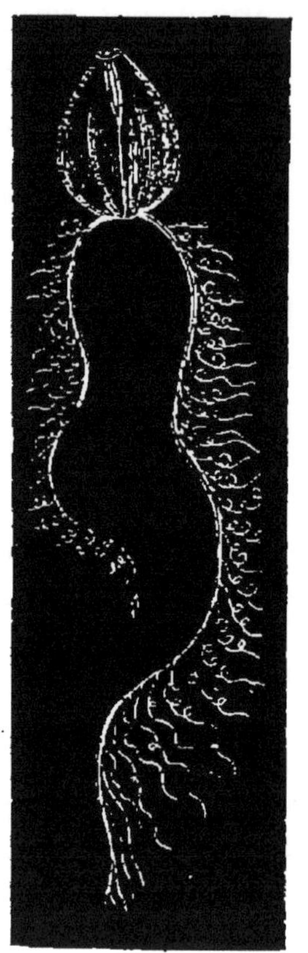

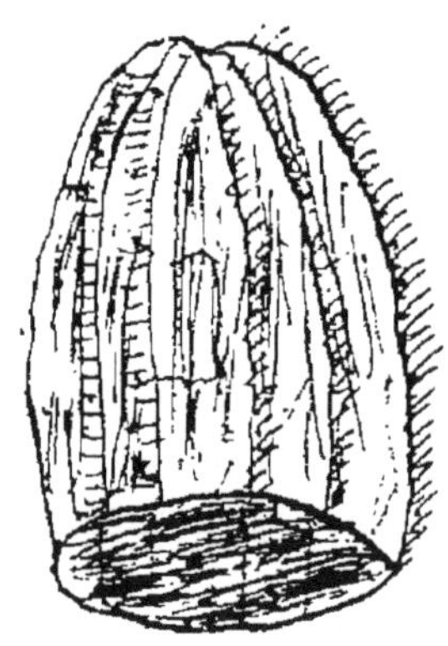

Fig. 74. — Béroés globuleux et ovale.

face, en pleine lumière, c'est-à-dire en plein danger.

Plus fragiles et moins larges, les *béroés* ressemblent à de frêles vessies gonflées d'eau, ou à de petits globes de verre irisé. Leur forme est globuleuse ou ovalaire avec des bandes longitudinales. Ces bandes, qui sont les organes de locomotion, produisent, par leurs mouvements, des couleurs infiniment variées, elles sont couvertes de palettes frangées, qui décomposent la lumière. Deux longs tentacules filiformes, garnis de filaments, partent de l'extrémité du corps et servent aux béroés à se fixer sur les roches, ou à pêcher, grâce à l'enduit visqueux qu'ils sécrètent. Ces *zoophytes* sont extrêmement vivaces et réparent facilement leurs blessures. Pendant les nuits d'été, sur la haute mer, les béroés sont phosphorescents.

De nombreux animaux marins, mollusques, annélides ou zoophytes, deviennent phosphorescents au moment de la reproduction. Le plus lumineux, qui n'est pas plus gros qu'une graine de pavot, le *noctiluque*, a le corps gélatineux et transparent : c'est une petite boule, creusée en dessus d'une cavité en forme d'entonnoir, d'où sort une trompe, que l'animal agite pour se mouvoir. C'est le noctiluque qui, avec les débris de certains autres poissons, produit la lueur douce que nous remarquons certains soirs à la crête des vagues.

Jusqu'ici, nous avons rencontré, dans tous

les êtres que nous avons étudiés, une certaine sensibilité; dans l'*éponge*, nous ne trouvons plus qu'un seul signe de la vie animale, l'absorption et le rejet de l'eau. Telle que nous la voyons communément, l'éponge n'est qu'une dépouille, qu'un squelette, garni,

Fig. 75. — Éponge.

habité autrefois par une substance élastique, cartilagineuse, par une sorte de gelée vivante, qui en occupait tous les trous et tous les canaux. Parmi les cavités, les unes, plus grandes et plus rares, conduisent au centre; les autres, plus petites et plus nombreuses, communiquent avec des passages ramifiés; l'eau, absorbée par les petites, est rejetée par les grandes. Parfois on remarque sur les parois intérieures des points jaunâtres qui grossissent, prennent une forme ovoïde, puis se détachent : ce sont des œufs. On rencontre des éponges sous toutes les latitudes, et surtout dans les pays chauds. Les espèces en sont variées dans la Méditerranée, mais encore peu connues.

Enfin, et pour terminer avec ces premiers héritiers de la vie animale, nous dirons qu'on appelle *infusoires* les milliers de petits êtres qui se fixent sur les algues, et y forment des taches blanchâtres. Leur corps, ovoïde ou épanoui en clochette, se balance à l'extrémité d'un long pédoncule. L'orifice de la clochette est garni de cils, qui vibrent et attirent les molécules nutritives. Certains d'entre eux, les *vorticelles*, par exemple, qui mesurent un dixième de millimètre de diamètre, se contractent encore au toucher; mais nous sommes arrivés à la limite extrême du règne végétal.

IX.

LES POISSONS.

Le poisson; sa vie; ses mœurs. — La pêche. — Poissons des côtes : blennies; gobies; argentine; athérines; chabot; syngnathes; hippocampe. — Pêche aux filets fixes. — Bateaux de pêche. — Poissons du large : congre; rougets trigle et mule; bars; mulets; faux bars; orphies; roussettes; vive; lançon; anchois, etc. — Poissons plats : raies; turbots; soles; plies; carrelets ou barbues; dorées; torpilles; etc. — Œufs de poissons : œufs de la roussette; œufs de la raie.

A côté des polypes qui jouissent à peine de la vie animale, des radiaires que le flot entraîne à son gré, des annélides dont le corps fragile est si facilement mutilé, des crustacés qui malgré leurs armes redoutables ne savent pas toujours résister à leurs nombreux ennemis, des mollusques enfin qui rampent péniblement sur le ventre, nous trouvons un être, doué d'une merveilleuse mobilité et qui, par sa souplesse, par son extrême flexibilité, rappelle l'élément même dans lequel il vit, c'est le *poisson*.

Le poisson est un animal essentiellement mobile : il monte, descend, avance, recule, se meut en tous sens avec une merveilleuse agilité. Les saumons parcourent cent cinquante lieues en vingt-quatre heures, et le thon nage avec autant de rapidité que l'aigle vole. Le corps des poissons, garni d'une peau glissante et armé de nageoires, mues par des muscles puissants, est soutenu par une colonne vertébrale à la fois souple et robuste. Une vessie remplie d'azote leur permet, en se dilatant ou en se comprimant, de s'élever à la surface de l'eau ou de disparaître dans les profondeurs de la mer. N'ayant pour revivifier leur sang qu'une petite quantité d'oxygène, qu'ils trouvent dans l'air dont l'eau est imprégnée, ils ne jouissent que d'une sensibilité rudimentaire. C'est ainsi qu'un requin, auquel un harpon a enlevé des lambeaux de chair, poursuit sa course sans en paraître inquiété, et qu'une anguille, coupée en morceaux, continue longtemps encore à palpiter. La douleur semble leur être étrangère. La nature les en a peut-être privés à dessein, car nul animal au monde n'est plus exposé à la destruction.

La mer renferme, en effet, de terribles champs de bataille; à travers les forêts de ce sombre empire errent des bêtes fauves qui cherchent, comme les tigres et les loups, des victimes à dévorer. Tout se passe en silence,

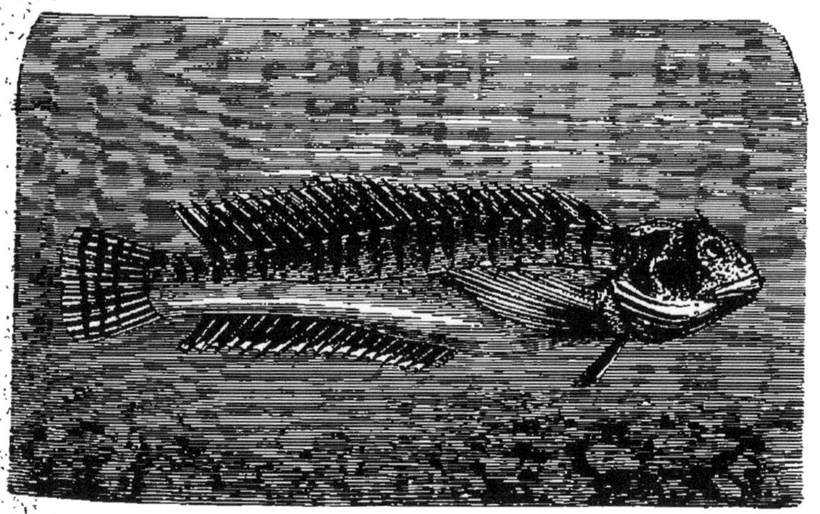

Fig. 76. — Blennie vivipare.

et l'on croirait volontiers que la paix règne en souveraine dans l'Océan, si de temps en temps quelque rouge tache de sang ou quelque mutilé de ces rudes combats ne venait à la surface de l'eau nous apprendre les luttes mystérieuses et formidables, qui se livrent au fond.

Toute la vie des poissons se résume en deux fonctions, la nutrition et la reproduction.

Leur goût, leur tact, leur odorat et leur ouïe

sont rudimentaires; leurs yeux paraissent éteints et leur physionomie stupide. On les trouve partout dans la mer : les *raies* barbotent sur la vase; les *soles* se tiennent sur les fonds sablonneux; les *aloses* et les *esturgeons* vivent à l'embouchure des fleuves; les *harengs* et les *morues* plongent jusqu'aux plus grandes profondeurs. Les uns sont sédentaires; les autres exécutent chaque année des voyages périodiques; les uns préfèrent l'eau pure et la pleine mer; les autres, l'eau calme et vaseuse. Pour tous, la qualité principale est d'avoir la vue bonne, afin d'éviter les rochers, d'échapper à leurs nombreux ennemis, et de poursuivre aisément leur proie.

Le poisson n'a pas que les siens pour ennemis : l'homme lui fait une chasse acharnée. Lacépède répartit en quatre catégories les différents genres de pêche : « Premièrement ceux qui attirent les poissons par des appâts trompeurs et les retiennent par des crochets funestes; — deuxièmement, ceux avec lesquels on les surprend, les saisit et les enlève; ou avec lesquels on va au-devant de leurs légions, on les cerne, on les resserre, on les presse, on les enferme dans une enceinte, d'où il leur est impossible de s'échapper; ou ceux avec lesquels on attend que les courants, les marées, leurs besoins, leur natation, dirigée par une sorte de rivage artificiel, les entraînent dans un espace étroit, dont l'entrée est facile et toute sortie interdite; — troisièmement, les couleurs qui les blessent, les lueurs qui les trompent, les feux qui les éblouissent, les préparations qui les énervent, les odeurs qui les enivrent, les bruits qui les effrayent, les traits qui les percent, les animaux exercés et dociles qui se précipitent sur eux et ne leur laissent la ressource ni de la résistance ni de la fuite; — quatrièmement enfin, les instruments qui se composent de deux ou de plusieurs de ceux que l'on vient de voir distribués dans les classes précédentes. » Dans la première catégorie rentrent les *lignes de fond* et les *lignes volantes*; dans la seconde, les *filets*, les *nasses*, etc.; dans la troisième, la *pêche à la lanterne*, au *harpon*; dans la quatrième, les *grandes pêches* au thon, au hareng, à la morue.

Avant de parler de ces différentes pêches et des poissons qu'elles servent à capturer, jetons un coup d'œil dans les petites mares, dans les flaques d'eau, que la marée laisse à découvert, et observons-en les habitants. Nous remarquons d'abord un petit poisson, de douze ou treize centimètres de longueur, qui a le corps allongé, la tête obtuse avec un profil presque vertical : c'est la *blennie*, ou *baveuse*, ainsi appelée à cause de sa peau molle, sans écailles, et visqueuse. Sur certaines côtes, les marins la nomment encore *loche de mer*, ou *perce-pierre*. Sa couleur varie du vert clair, varié de jaune et de brun, au vert olive, varié de noir; ses yeux,

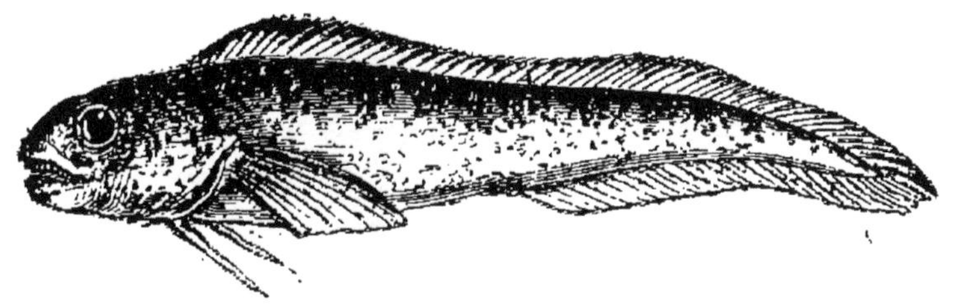

Fig. 77. — Blennie commune.

grands et brillants, sont bordés de rouge. La blennie est d'une hardiesse étonnante, elle n'hésite pas à aller saisir sa proie jusqu'entre les dents des autres poissons. Lorsqu'on la prend, elle se débat vigoureusement et cherche à mordre. On en a vu vivre pendant vingt-quatre heures hors de l'eau. C'est parmi les varechs, dans la vase, dans les anfractuosités des rochers qu'on la trouve généralement : elle fait la chasse aux petits poissons et aux coquillages. La *blennie vivipare* produit des petits vivants, qu'elle porte pendant le printemps et l'été. A l'automne, elle se retire dans les eaux profondes pour mettre bas. Comme chez les vipères, ses œufs éclosent dans son propre sein.

La *blennie gonnelle*, de plus grande taille, d'un gris roussâtre, brun sur le dos, presque blanc sous le ventre, porte une dizaine de taches ocellées à centre noir, entourées d'un

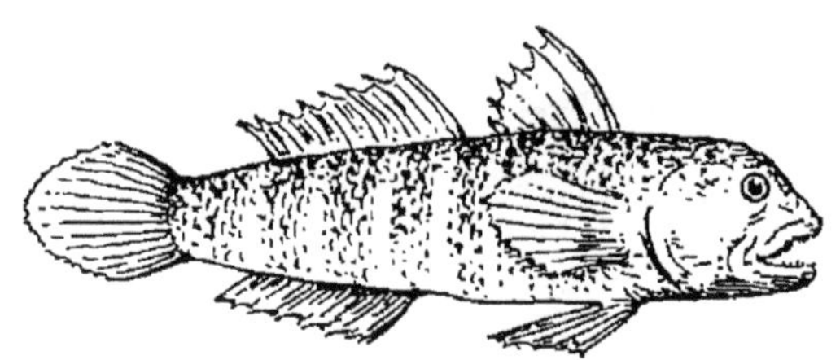

Fig. 78. — Gobie bosc.

cercle blanc. Ce petit poisson, qu'on appelle aussi *papillon de mer*, fait des bonds prodigieux, lorsqu'on veut s'en emparer. On distingue encore la *blennie à mouche* ou *lièvre de mer*, et la *blennie molle*. Après cuisson, ces animaux ont les arêtes et les os verts.

En compagnie des blennies, vivent les *bu-hottes* ou *gobies*, que les marins appellent de la *menuise*, c'est-à-dire du fretin. Les gobies, qui mesurent de cinq à sept centimètres, sont teintées de gris et pointillées de brun, avec une tache noire sur la première nageoire dorsale. La *gobie à double tache* est teintée de roux avec des mailles noires, et porte deux taches de chaque côté du corps, l'une derrière la nageoire pectorale, l'autre à la base de la nageoire caudale.

Fig. 79. — Gobie boulereau.

Ces petits poissons, qui sont très vifs, restent cachés sous de grosses coquilles ou dans des touffes d'herbes marines, et guettent, de là, les petits animaux, les crevettes, qu'ils

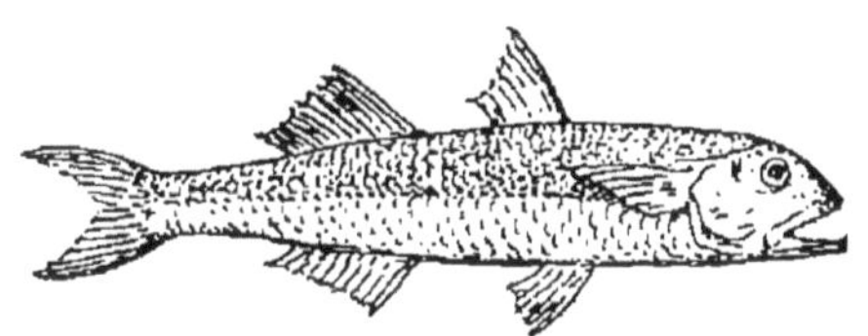

Fig. 80. — Athérine.

emportent ensuite dans leur repaire. Pour se fixer aux rochers, les gobies réunissent en un disque creux, formant entonnoir, leurs nageoires verticales et s'en servent comme d'une ventouse. Les plus grandes de la famille sont les *gobies boulereaux* ou *goujons de mer*, d'un brun olivâtre, varié de bandes plus claires, avec des nageoires dorsales bordées d'un liséré blanchâtre, et des lignes de points saillants sous les yeux. On accuse le boulereau de manger les autres gobies; mais certains au-

Fig. 84. — Chabot.

teurs prétendent cependant que c'est le modèle des époux et des pères : il va, en effet, chercher lui-même des brins d'herbe, qu'il foule pour en faire un nid, puis il amène la femelle et prend soin du frai. Plus tard, il se charge de l'éducation des petits.

Dans les mêmes flaques d'eau, on trouve encore l'*argentine* ou le *prêtre* (*abusseau*, *blancaille*, *nonnat*, etc.), dont le corps, long de cinq à huit centimètres, verdâtre en dessous, avec une bande d'argent sur les flancs, ressemble à une étole; — les *athérines*, qui se pêchent sur nos côtes au printemps et en été, à l'aide du *carrelet,* sorte de filet carré, attaché par les extrémités à deux tiges de bois flexible, disposées en croix. La chair des athérines est très délicate.

Sous les varechs, au milieu des rocs, se dissimule souvent un poisson, lourd et disgracieux, qui mesure environ vingt-cinq centimètres. Sa tête, ornée de deux gros yeux flamboyants, est couverte de tubercules et d'aiguillons. La gueule, largement fendue, montre des dents longues et aiguës; sa peau, lâche et molle, est hérissée de verrues épineuses d'un aspect repoussant. Ce curieux animal est le *chabot de mer* ou *chaboisseau*, qu'on appelle aussi *diable*, *crapaud* ou *scorpion de mer*. Lorsqu'on veut s'en emparer, il gonfle ses ouïes, agite ses nageoires, se hérisse et fait entendre une sorte de grognement. Sa chair est peu appréciée et ses aiguillons sont venimeux. Solitaire et vorace, le chabot se nourrit de blennies et de gobies. On le trouve parfois caché derrière quelque grosse pierre, à sec, attendant le retour de la marée; l'hiver, il se retire dans les eaux profondes.

Si nous continuons notre petite exploration, nous rencontrerons, toujours dans les mêmes endroits, des *jarretières*, des *sirènes*, de petites *anguilles*, qui, lorsqu'elles seront plus grandes, remonteront le cours de quelque fleuve, des *syngnathes* ou *poissons-tubes*, au museau pointu; des *hippocampes*, ou *chevaux marins*, dont le squelette perce la peau de tous côtés. Ce petit animal doit son nom à la forme de sa tête, à son encolure, à ses yeux ronds, à ses branchies enfin, qui, flottant en longs filaments, rappellent la crinière du cheval.

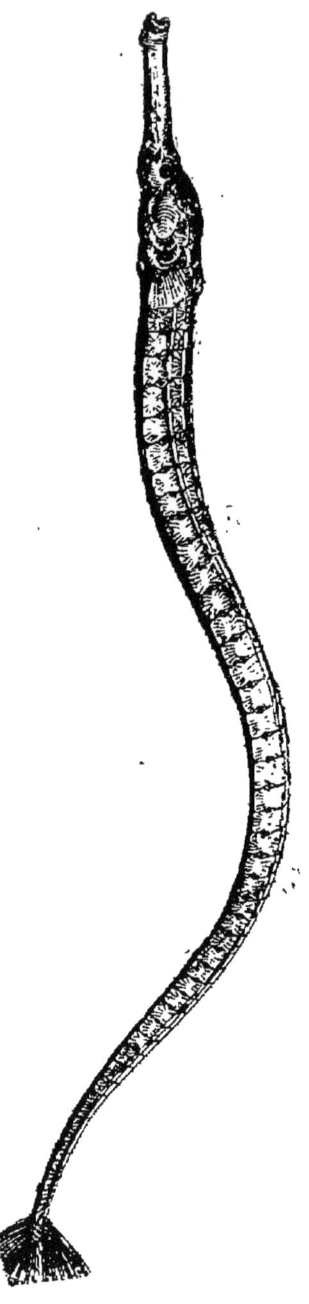

Fig. 82. — Syngnathe.

Mais, quelque intérêt qu'offrent ces petits bassins naturels, c'est à la pêche au *filet* qu'il faut avoir recours, pour faire plus ample connaissance avec les divers habitants de l'Océan. Bien que la plupart des poissons habitent à une ou deux lieues des côtes, quelques-uns s'en rapprochent assez pour qu'on puisse s'en emparer sans se servir de barques. Sur les côtes sablonneuses, les pêcheurs fixent sur la plage des piquets, disposés en demi-cercle, qui soutiennent des filets formant un bassin vertical, dont l'ouverture est tournée vers la terre. A l'heure de la marée, tout est couvert par l'eau. Au moment du reflux, les poissons, en cherchant à regagner la haute mer, viennent se heurter à cet obstacle, et pendant qu'ils luttent pour passer à travers les mailles, la mer se retire et les laisse à sec. Leur dernière ressource est de s'enfoncer dans le sable; mais les pêcheurs les font bientôt sortir de leur retraite à l'aide de râteaux, à larges dents triangulaires. C'est ainsi qu'ils remplissent leurs paniers de *limandes*, de *plies*, de *soles*, de *turbots*, de *carrelets* et de *barbues*.

La véritable et grande pêche se pratique sur des *barques* armées de vastes et lourds filets. La barque de pêche, ou *chaloupe*, est une embarcation assez grossière, peinte de couleurs voyantes, mais solidement construite. Ses voiles sont faites de grosse toile goudronnée, que gonfle la brise. Sur le pont, quatre ou cinq hommes robustes roulent les amarres et tournent les voiles au vent; le patron tient la barre, et le mousse, près de lui, s'apprête à

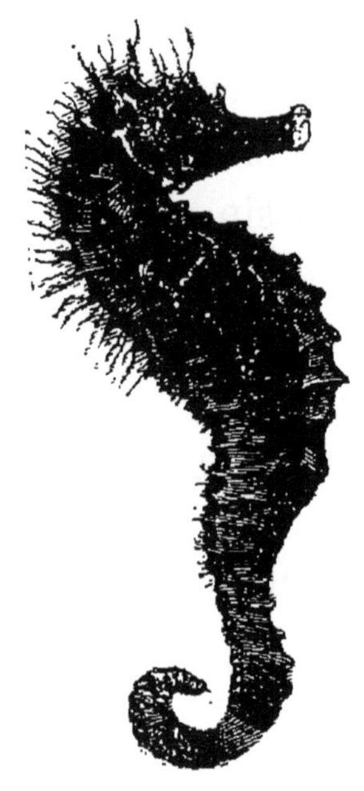

Fig. 83. — Hippocampe.

descendre dans le canot que remorque la barque. En effet, on arrive au port et voici que déjà les voiles sont *amenées*, c'est-à-dire descendues, et qu'on découvre de larges paniers d'osier, pleins de poissons, qu'on va vendre à la criée sur le bord du quai. Regardons un peu cet étalage.

Ce grand poisson allongé, de couleur grisâtre sur le dos, blanchâtre en dessous, c'est le *congre*, ou *anguille de mer*. Le congre atteint jusqu'à quatre et cinq mètres de longueur; ses yeux sont gros et rouges; sa chair est mangeable. Il aime les fonds vaseux, se cache dans

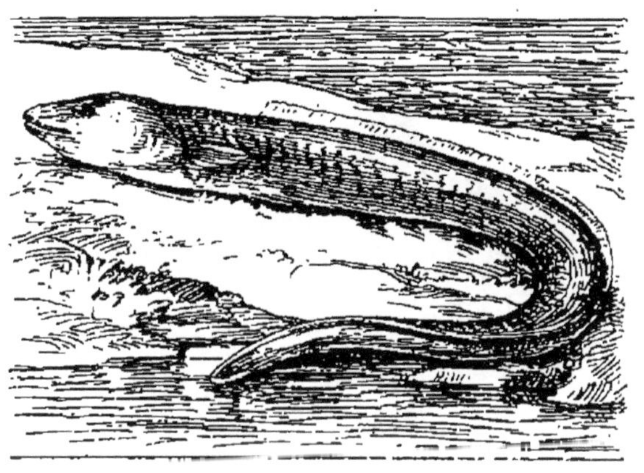

Fig. 84. — Congre.

la boue et cherche, pour les dévorer, les animaux morts. Sur les côtes de la Méditerranée et de l'Océan, où les congres sont très abondants, on les suspend à des perches pour les faire sécher. Ces animaux ont la vie presque aussi dure que les anguilles, qui, prétend-on, peuvent, la nuit, à la fraîcheur, aller faire sur l'herbe la chasse aux limaçons. Cela tient à ce que leurs ouïes ne sont pas à découvert. D'ailleurs le poisson, d'une façon générale, ne respire pas en décomposant l'eau,mais en recueillant l'air qui est pour ainsi dire dissous dans l'eau. Sa respiration, trois fois plus lente que

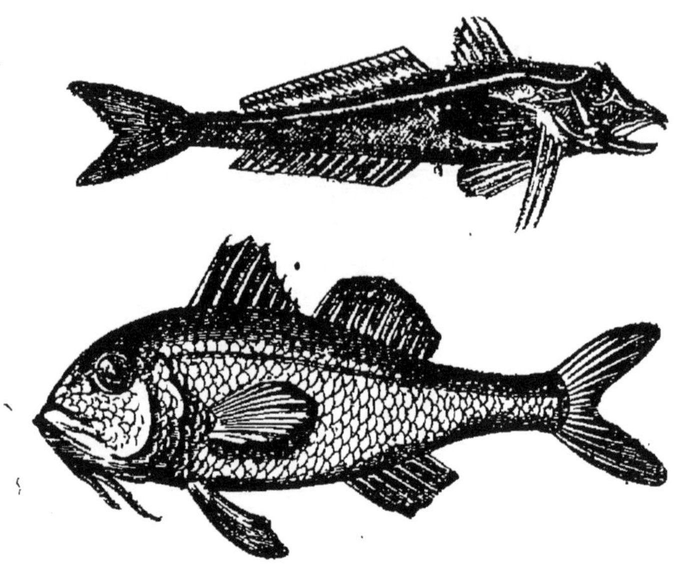

Fig. 85. — Rougets trigle et mulle.

la nôtre, laisse son sang noir, épais et froid. Dans l'eau, les branchies étendues fonctionnent régulièrement; hors de l'eau, elles s'affaissent, se dessèchent et provoquent une asphyxie plus ou moins rapide.

Voici un poisson rouge, rayé de bandes perpendiculaires plus foncées, qui a une tête énorme et le museau légèrement échancré. Il mesure de trente à trente-cinq centimètres; c'est le *rouget trigle* ou *grondin*, dont la poitrine est armée de trois épines. Sa chair est fort estimée. Il ne faut pas toutefois le confondre avec le *rouget mulle* ou *barbarin*, dont parle Juvénal dans une de ses *Satires*. Le rouget des Romains a le ventre blanc, les nageoires do-

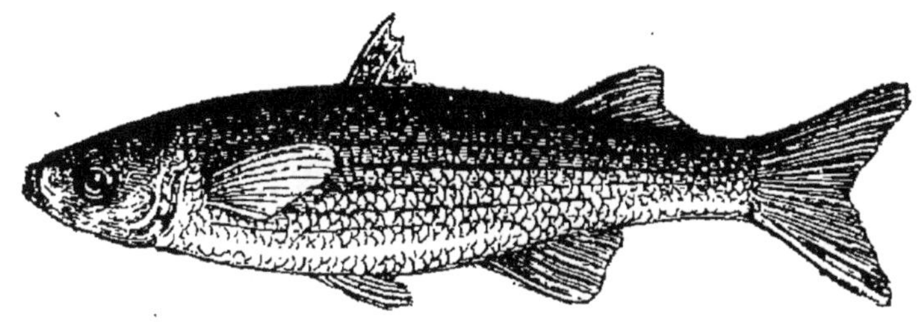

Fig. 86. — Mulet.

rées et deux barbillons longs et charnus. Sénèque raconte, à son sujet, l'anecdote suivante : « Un rouget d'énorme taille, de quatre livres et demie, fut envoyé, dit-on, à Tibère qui le fit porter au marché pour le vendre, en disant : « Ou je me trompe fort, ou bien Apicius ou Octavius l'achètera. » Sa prévision se réalisa : les enchères se succédèrent et Octavius l'emporta, ayant l'immense gloire d'avoir payé cinq mille serterces (quinze cents francs environ) un poisson que vendait César et qu'Apicius même n'avait pas osé acheter. » Pline rapporte également qu'on en paya un deux mille quatre cents francs, sous Caligula. C'est enfin le même poisson qu'on faisait mourir sur la table pour procurer aux convives le plaisir de voir les changements de couleur qui précèdent sa mort.

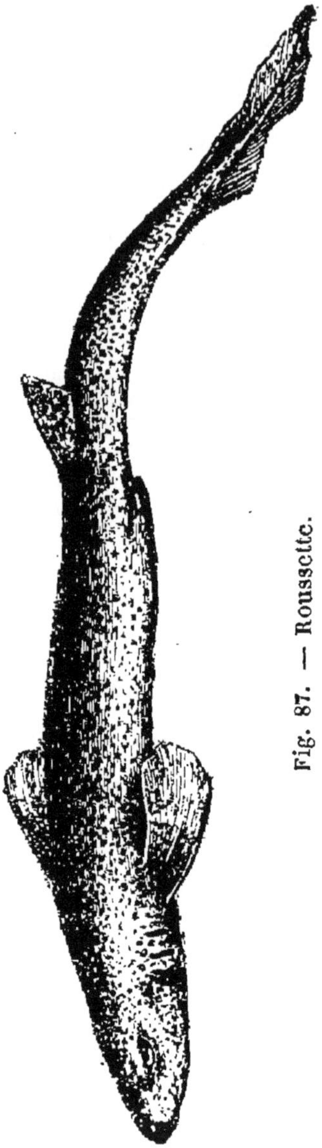

Près des rougets sont des *bars* et des *mulets*. Le bar, ou *loup de mer*, est couvert d'écailles à reflets métalliques et marquées d'un point d'argent. Il mesure jusqu'à soixante centimètres de longueur. Le *meuil*, ou *mulet*, est le type modèle du poisson ; son corps offre une extrême pureté de ligne. Il se distingue du bar par ses écailles, qui sont plus grandes. C'est un des meilleurs aliments qu'on puisse rencontrer

Fig. 87. — Roussette.

sur les bords de l'Océan. Quelques pisciculteurs ont essayé avec succès, paraît-il, d'acclimater le mulet dans l'eau douce. Sur les côtes du Languedoc, on en pêche un grand nombre, qu'on conserve dans des canaux.

Plus loin, nous trouvons des *maigres* ou *faux bars*, d'un gris argenté, bruni sur le dos, avec des nageoires rouges, et qui mesurent plus d'un mètre; — des *ophies* aux flancs verts et bleuâtres, au dos noir azuré, qui ressemblent à des serpents; — des *roussettes*, ou *chiens de mer*, dont la peau rugueuse, étoilée de noir, sert à faire des gaînes, et à polir le bois; peinte en vert, elle fait le *galuchat* commun. La tête de la rousette, grosse et large, va en s'amincissant vers le museau; la gueule, largement fendue, est située au bout du museau, mais en dessous; elle est munie de quatre rangées de dents à trois pointes aiguës et tranchantes, qui coupent aisément les filets. Naturellement vorace, ce poisson, qui rapelle en petit le requin, emploie la ruse, lorsqu'il croit sa force insuffisante. Il reste caché dans la vase et saisit sa proie à l'improviste. Sa chair est dure et répand une odeur musquée : on recueille son foie, qui fournit une grande quantité d'huile.

Moins grande que la roussette, la *vive* a le corps

allongé, la tête comprimée, les yeux rapprochés, « semblables à deux émeraudes enchâssées dans des cercles d'or ». Son dos est d'un brun roussâtre, nuancé de gris; son ventre, blanchâtre avec des taches jaunes; une bande de même couleur traverse sa seconde nageoire dorsale, dont le fond est blanc. Sous son œil et sur sa

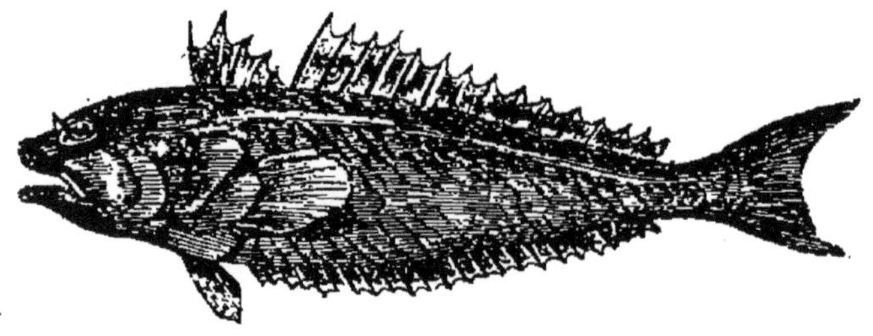

Fig. 88. — Vive ou dragon de mer.

tempe, on remarque des traits d'un bleu d'azur, qui disparaissent à sa mort. La vive est un poisson dangereux, parce que sa première nageoire dorsale et ses opercules sont armés de fortes épines, qui font de douloureuses blessures. Contrairement à ce que l'on croit généralement, elles ne sécrètent d'ailleurs aucun venin particulier. Les marins prétendent que la douleur, qu'on ressent de ces piqûres, dure douze heures, et que le meilleur moyen de se guérir est d'écraser le foie du poisson sur la plaie. La chair de la vive, qu'on appelle aussi *dragon de mer*, est délicate et se conserve facilement. En octobre, la vive, qui vit habituellement dans le sable, où elle fait des trous profonds, se retire dans les eaux profondes.

Mais, près d'elle, nous apercevons un petit poisson, au corps allongé, comme celui d'une

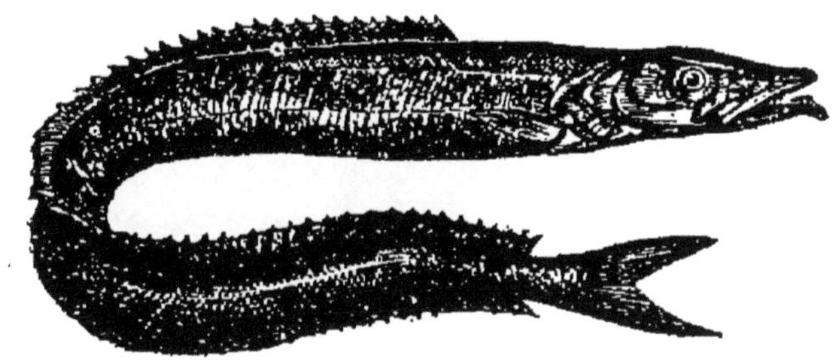

Fig. 89. — Lançon ou équille.

anguille, bien plus habile encore à creuser le sable. Il a d'ailleurs pour cela un instrument spécial, un museau entièrement pointu et formé par une mâchoire inférieure beaucoup plus longue que la mâchoire supérieure. Ce petit animal, au dos d'un bleu argenté, avec des bandes claires, est le *lançon* ou *équille*. Les équilles ont l'habitude, lorsque la mer se retire, de s'enfoncer dans le sable, pour y vivre d'abord et aussi pour y chercher les vers, dont elles font leur nourriture. Pour les prendre, les pêcheurs enlèvent d'un coup sec une motte de sable qui s'éparpille et laisse l'animal à découvert; mais celui-ci fuit rapidement, et, si l'on ne s'en empare aussitôt, s'enfonce de nouveau, jusqu'à

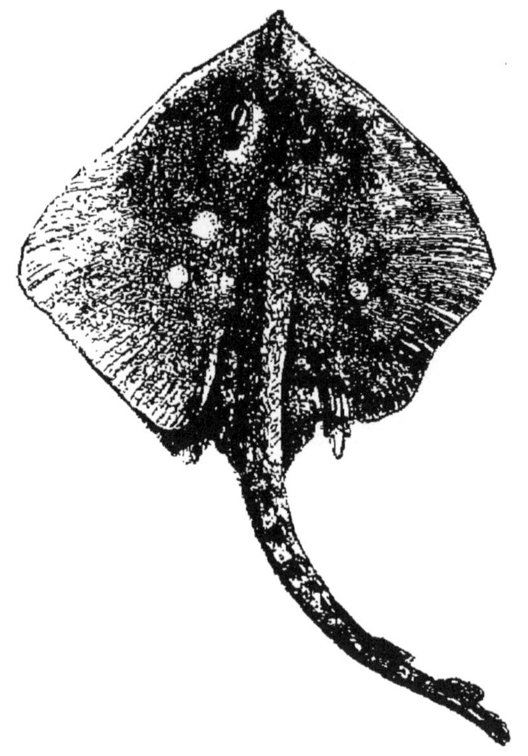

Fig. 90. — Raie.

deux pieds de profondeur. En Normandie, où les lançons sont rares, on se sert d'une sorte de houe, dont la lame, en forme de cœur, est disposée verticalement et percée d'un trou, par où passe une corde : à l'aide de cet instrument, on laboure le sable, et l'on déterre les équilles.

Approchons-nous, maintenant, de ces nouvelles corbeilles qu'on vient de descendre de la barque, et qui renferment toute une collection de poissons plats. Nous aurions bien encore à

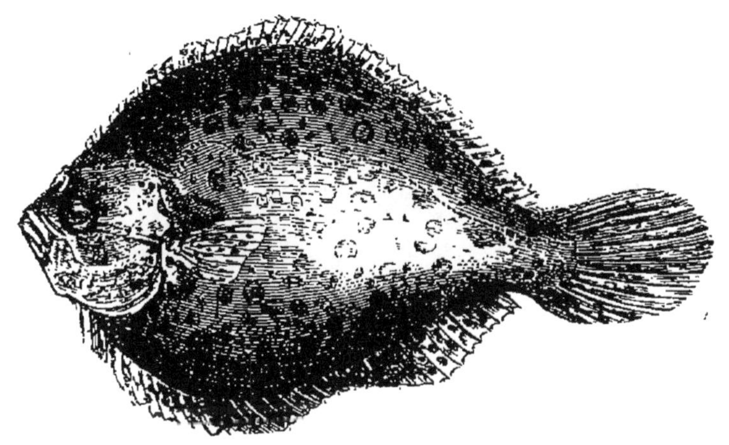

Fig. 91. — Turbot.

parler de l'*anchois*, petit poisson migrateur, qu'on pêche dans le golfe de Biscaye et sur le littoral méditerranéen, la nuit, à l'aide de lumières, qui les attirent dans des filets; — du *colin* ou *merlu;* — du *thouil*, espèce de roussette à peau lisse, qui a une chair délicate; — du *merlan*, poisson d'un gris noirâtre, qui est assez recherché; — de mille autres, enfin, qui présentent tous de l'intérêt;

mais, il faut savoir se borner, et réserver quelques lignes aux *soles*, aux *limandes*, aux *plies*, aux *turbots*, aux *raies*.

Les *raies* se reconnaissent aisément à leur queue longue et grêle, hérissée de piquants. On en distingue treize espèces; les plus grandes atteignent un mètre de hauteur.

Fig. 92. – Sole.

Elles se tiennent ordinairement sur le sable et sous les algues, guettant les petits animaux, dont elles font leur nourriture. A l'époque du frai, elles se rapprochent des côtes et pondent sur les rochers. Les raies doivent leur forme au développement excessif de leurs nageoires pectorales, qui sont soutenues par dix rayons osseux. Leur bouche, qui se distingue, en cela, de celle des autres poissons plats, est fendue horizontalement.

Chez le *turbot*, la bouche est verticale, et

les yeux, situés au-dessus, sont rapprochés tous deux du même bord. Le turbot nage verticalement. Arrondi, taché de brun et de jaune, couvert de petits os pointus, ce poisson est un des plus gros et des plus rares. Juvénal nous montre Domitien assem-

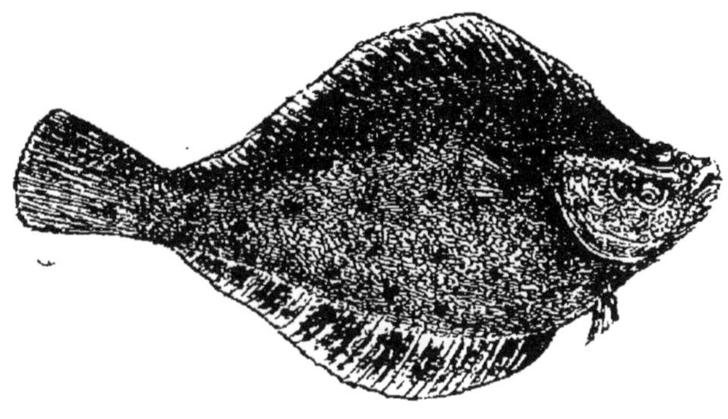

Fig. 93. — Plie.

blant le sénat pour le consulter sur la manière de servir un énorme turbot, dont on lui avait fait présent. Il n'y avait pas, au palais, de plat assez grand pour le contenir. Le sénat conseilla à l'empereur de faire fabriquer sur-le-champ un plat spécial.

La *sole* a le corps plus allongé que le turbot, la tête arrondie, les écailles rudes, des barbillons blanchâtres sous la bouche. Sa longueur varie entre cinq et cinquante centimètres;

elle a le dos brun, plus ou moins foncé, et le ventre d'un blanc bleuâtre. La délicatesse de sa chair est particulièrement estimée. Les soles vivent un peu partout, même dans l'eau douce; à la saison du frai, elles remontent dans le lit de la Loire et de la Seine. Parfois elles s'enfoncent dans la vase des rivières.

Fig. 94. — Carrelet ou barbue.

Chez la *plie*, comme chez la sole, la tête est confondue avec le reste du corps; mais le corps est plus arrondi chez la plie. Rayé de lignes brunes et grises, avec des taches orangées, ce poisson, qui recherche d'ordinaire les fonds sablonneux, remonte parfois assez avant dans les terres; on le trouve dans les eaux de l'Allier et de la Meuse. Sa taille ne dépasse pas trente centimètres.

Le *carrelet* a un museau pointu, à l'extrémité duquel sont les yeux. Sa peau est grise, marbrée d'un brun rouge et jaune avec quelques taches plus foncées. Les auteurs anciens prétendent qu'on en prit un, sous Domitien, de vingt aunes de longueur et de douze pouces d'épaisseur. De nos jours, leurs dimensions sont beau-

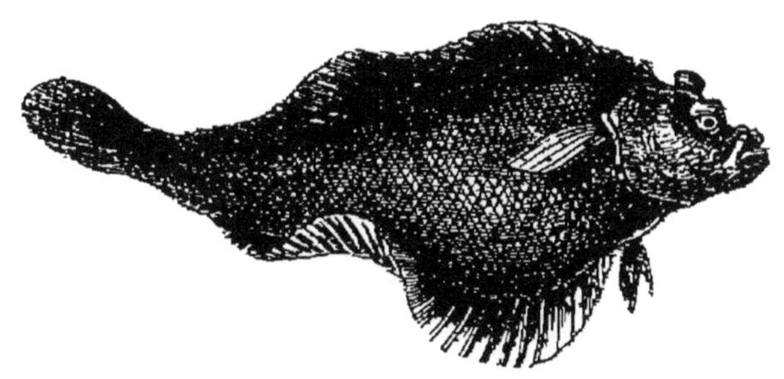

Fig. 95. — Limande.

coup plus modestes. Le carrelet ou *barbue* est un poisson renommé.

La *limande* porte les deux yeux à droite, tandis que le carrelet les porte à gauche. Moins recherché que la barbue, ce poisson, qui vit de vers, de mollusques et de petits crabes, est cependant apprécié des gourmets.

La *dorée*, d'un jaune vif, est également une excellente nourriture. Les marins nomment encore ce poisson un *Saint-Pierre*, d'après une tradition qui voudrait que ce fût une dorée, que l'apôtre ait retirée de l'eau, sur l'ordre du Christ; ou bien, que ce fût dans la bouche d'un poisson de cette espèce qu'on ait trouvé, d'après saint Matthieu, un denier pour payer le tribut. L'empreinte des doigts du saint est restée marquée en noir sur chaque flanc de la dorée.

Citons encore pour mémoire la *torpille*, sorte

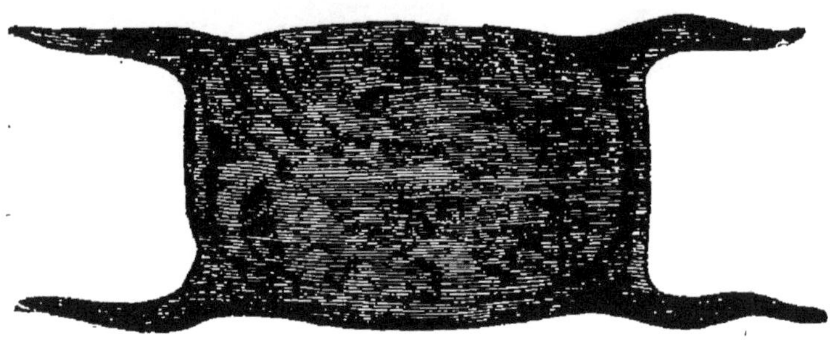

Fig. 96. — Œuf de raie.

de raie électrique, qui, lorsqu'on la touche, fait ressentir une violente commotion; — la *terre*, d'un gris cendré; — la *marache*, dont le corps tout entier n'est, pour ainsi dire, qu'une vaste gueule, où le poisson entasse ses victimes, en attendant de les absorber et de les digérer.

Les différents poissons, que nous avons rencontrés jusqu'ici, le printemps venu, sèment, çà et là, leurs œufs dans la mer, en quantités innombrables. On en rencontre, sur les plages, de toutes les formes et de toutes les dimensions. Certains animaux marins sont si prolifiques, que la terre serait bientôt couverte de leur progéniture, si une destruction continuelle ne venait enrayer cette prodigieuse fécondité. Parmi tous ces œufs, de couleurs et d'aspects si variés, nous n'en retiendrons que deux espèces, qu'on trouve plus généralement échouées sur le rivage : ceux de la *raie* et ceux du *chien de mer* ou *roussette*. L'œuf du chien de mer a une enveloppe cornée, mais de consistance molle et élastique. On dirait un petit coussin, noué aux quatre angles avec quatre cordons. Ces cordons servent à fixer les œufs aux algues. A chaque extrémité de la poche est un trou qui permet de respirer au jeune squale qu'elle renferme. Lorsque l'animal se sent assez vigoureux pour vivre en liberté, il sort de sa retraite, et la coquille vide vient échouer à la côte. — L'œuf de la raie a la forme d'un petit sac de peau brune, muni aux quatre coins de quatre appendices parallèles, qui le font vaguement ressembler à un brancard. Le petit animal vit à l'intérieur ; chacun de ses organes, les yeux, la bouche, sont encore séparés, ce qui lui donne un aspect hideux. Il est, de plus, pourvu d'une longue queue, qui reste repliée sous sa tête. Lorsqu'ils trouvent des œufs pleins, les habitants du littoral les font cuire et les mangent; mais généralement ceux qu'on rencontre sont vides.

On va nous reprocher, sans doute, en voyant la fin du chapitre approcher, de n'avoir parlé ni de la *sardine*, ni du *thon*, ni du *hareng*, ni du *maquereau*. C'est là un oubli volontaire, que nous allons réparer, en indiquant, dans le chapitre suivant, les différentes pêches auxquelles ces poissons donnent lieu tous les ans.

X.

GRANDES PÊCHES ET MONSTRES MARINS.

Pêches du thon, de la sardine, du maquereau, du hareng. — Monstres marins : scorpènes, malarmat, baudroie, tétrodons môle, poissons volants, marsouins, tortues, cachalots, dauphins (légendes).

Lorsque l'été arrive, les barques de pêche laissent leurs filets, pour s'armer de grandes perches, munies de lignes fortes et longues. Ces lignes sont destinées à la pêche du thon. Le *thon* est un gros poisson, au dos bleu foncé, au ventre argenté, avec des nageoires dorées sur le dos et irisées sur les côtés, qui pèse de cinquante à deux cents livres. Il vient se prendre lui-même à l'hameçon et, comme à l'extrémité de la perche est attachée une sonnette, il avertit le marin de sa présence et de sa captivité, en cherchant à se débarrasser et en agitant la ligne. Les thons voyagent par bandes, et sont généralement disposés en triangle. Les Basques se servent, pour les pêcher, de lignes traînantes, qui portent des centaines d'hameçons, et les Provençaux, de *seines,* qui mesurent de cinq à six cents mètres de longueur. Mais le plus redoutable engin est encore la *madrague,* sorte de parc mobile, dont les cloisons sont en filets, et renferment des allées qui aboutissent à une chambre principale, appelée *chambre de mort.* Retenus au fond de l'eau par de grosses pierres et maintenus verticaux par des lièges, ces filets s'étendent parfois sur une surface de plusieurs kilomètres. Le poisson, qui vient se jeter dans ce vaste piège, pénètre de chambre en chambre, et cela presque malgré lui, jusqu'à la dernière, où il reste enfermé et pris dans les mailles par les ouies. C'est là qu'on le tue et qu'on s'en empare.

En remontant le littoral de l'Océan jusqu'à Royan, jusqu'aux Sables, nous pouvons assister, dès le mois d'avril, à un autre genre de pêche, celle de la *sardine.* C'est un coup d'œil vraiment pittoresque que de voir, en plein soleil, des centaines de petites barques légères, surmontées de grandes voiles blanches ou rouges, épiant l'arrivée des petits poissons argentés. La sardine, dont le nom vient de ce qu'elle fréquentait autrefois les côtes de la Sardaigne, a la tête pointue, la peau veinée de bleu et moirée de vert. On la pêche à l'aide de filets flottants, qui ont environ quarante mètres de longueur et quatre mètres de hauteur. Pour

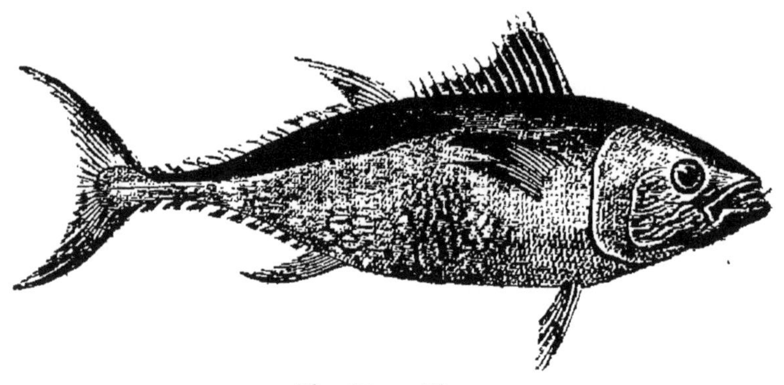

Fig. 97. — Thon.

attirer le poisson, on lui jette un appât composé de *rogue* et de *gueldre* : la rogue est faite d'intestins de morue, fortement salés, et la gueldre, d'embryons de crevettes, recueillis à l'entrée des marais, et pilés. Lorsque la sardine a donné, on retire horizontalement le filet, qui est soutenu sur l'eau par des morceaux de liège, et on dégage les sardines, qui sont toutes prises par la tête dans les mailles. En mourant, elles font, dit-on, entendre un bruit qui rappelle le cri de la souris. Comme elles ne se conserveraient pas à l'air, on est obligé de les saler immédiatement ou de les porter dans des usines spéciales. Là, on leur ôte la tête et les entrailles; on les lave avec soin; on les fait sécher sur des grils de fer; puis, on les plonge, pendant une ou deux minutes, dans d'immenses bassines pleines d'huile bouillante. Lors-

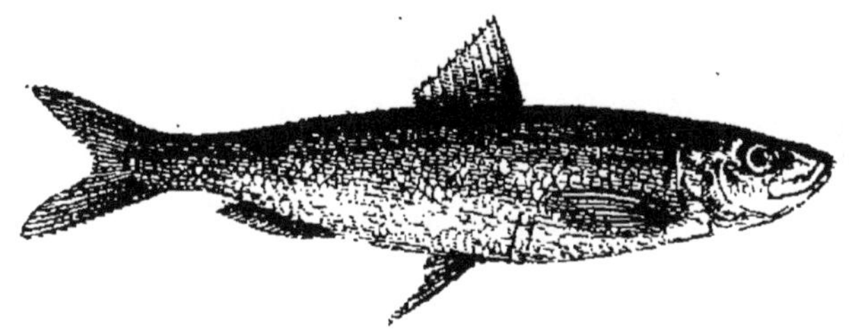

Fig. 98. — Sardine.

qu'elles sont égouttées et séchées, on les dispose par couches dans de petites boîtes de fer blanc, qu'on remplit d'huile d'olive, et qu'on soude. Mais, pour que les sardines, ainsi enfermées, se conservent bien, il faut encore avoir soin de les soumettre à l'ébullition dans la boîte même.

Comme la sardine, le *maquereau* est un poisson de passage, et nage par bandes. Dès le commencement du printemps, on se prépare à le pêcher. Sur certains points du littoral, à Boulogne, par exemple, le départ pour la pêche au maquereau est accompagné d'une certaine solennité. Les pêcheurs se rendent en costumes de fête à la chapelle de *Jésus flagellé*, située dans les environs. Là, ils prient et font des vœux pour que la pêche soit abondante. Puis, le jour venu, les barques *appareillent*, au mi-

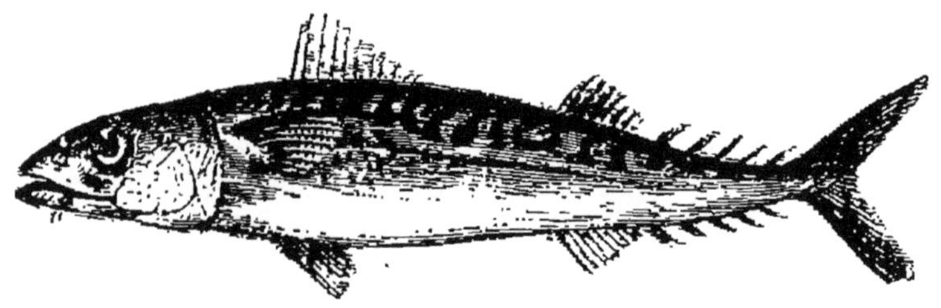

Fig. 99. — Maquereau.

lieu des cris et des adieux de tous les parents et amis.

Le maquereau est un superbe poisson au ventre argenté, au dos orné de brun et de vert. Lorsqu'il est poursuivi, il pénètre dans toutes les anses qu'il rencontre. Certains jours, à Dieppe, il en entre des légions dans le port; alors tout est bon pour les prendre. Généralement, on les pêche avec des filets ou des hameçons. Les femelles, qui en portent chacune plusieurs centaines de mille, déposent leurs œufs sur les rochers, où les poulpes et les crustacés viennent leur faire une chasse acharnée.

Non moins prolifique est le *hareng*, qu'on pêche d'octobre en janvier dans la Manche. Chacun de ces poissons porte jusqu'à soixante-dix mille œufs, dont se nourrissent heureusement tous les habitants de la mer, grands et petits. Une pareille fécondité, si elle n'était

Fig. 100. — Hareng.

combattue, serait un vrai danger pour la terre tout entière. Des légions de harengs apparaissent chaque année, vers la fin de l'automne, sur nos côtes. Ils forment d'interminables files serrées, larges de trois à quatre milles et longues de huit à dix milles. C'est alors qu'on peut en faire une pêche absolument miraculeuse, qui permet d'en saler des centaines de millions pour l'hiver. Au clair de lune, on voit ces énormes masses de harengs briller comme d'immenses tapis d'argent parsemés de rubis. Puis, un jour, on entend un grand bruit et le lendemain tous ont disparu. On pêche le hareng, à l'aide de filets, dont les mailles sont de grandeur telle qu'elles retiennent le poisson par les ouïes. Une fois pris, on le jette dans une *coque*, sorte de

Fig. 101. — Scorpène.

baquet de chêne, rempli de sel; c'est là ce qu'on appelle le hareng *nouveau* ou *vert*, s'il est pêché en automne; le hareng *pec*, si c'est en hiver. Si on ouvre le poisson et qu'on le laisse pendant dix-huit heures dans une forte saumure, on a le hareng *blanc*. Lorsque après l'avoir séché et salé, on l'expose pendant plusieurs jours à la fumée d'un feu de bois, il brunit et devient ce qu'on appelle le hareng *saur*. C'est du reste la meilleure de toutes les préparations.

Jusqu'ici nous n'avons vu que des êtres se rapprochant plus ou moins d'un type unique, le poisson. Nous avons remarqué, chez presque tous, des qualités et des mœurs identiques. Mais la mer renferme encore des animaux

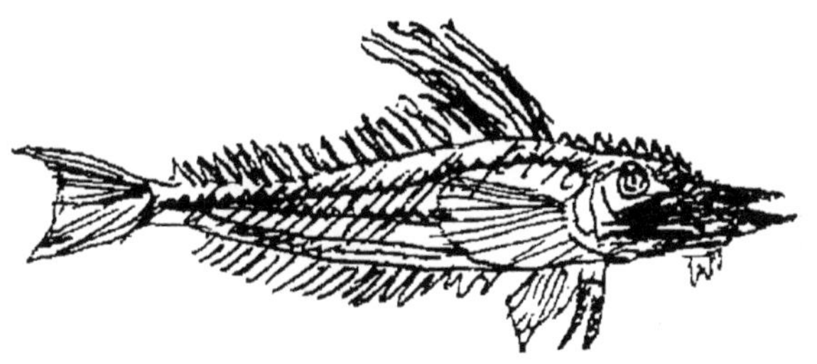

Fig. 102. — Malarmat.

étranges, bizarres, extraordinaires, qui, tout en étant poissons eux aussi, présentent des particularités telles, qu'on peut, sans exagération, les appeler monstrueux. Ces monstres marins fréquentent surtout les mers lointaines; nous en rencontrons cependant quelques-uns dans l'Atlantique, la Manche et la Méditerranée. C'est de ceux-là seulement que nous parlerons.

Voici d'abord un être hideux, qui a une grosse tête épineuse, la peau molle, des pointes aiguës sur le dos et sous le ventre; c'est le *scorpène*. Les scorpènes, abondants dans la

Méditerranée, vivent en troupes. Leur piqûre est venimeuse; mais leur chair est assez appréciée.

Le *malarmat*, qui habite dans les mêmes parages, a le corps allongé, couvert de pla-

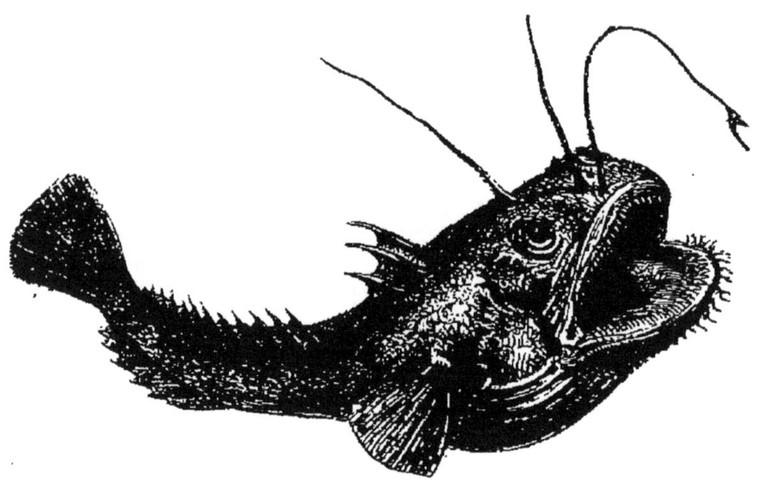

Fig. 103. — Baudroie.

ques mobiles et osseuses, qui lui servent d'armure. Son museau est muni de deux fourches longues et pointues, véritables instruments de combat. La mâchoire inférieure est garnie de barbillons de chair. Rouge sur le dos, doré sur les flancs et blanc sous le ventre, le malarmat vit seul et nage avec une telle impétuosité qu'il brise souvent ses épines contre les rochers. Il se nourrit ordinairement de crustacés et de mollusques; à l'époque du frai, il quitte les eaux profondes pour se rapprocher des côtes. Sa chair, bien que dure et sèche, est assez estimée.

Non moins curieuse est la *baudroie* ou *diable de mer;* une tête énorme, une gueule démesurée, la font ressembler à un crapaud. De

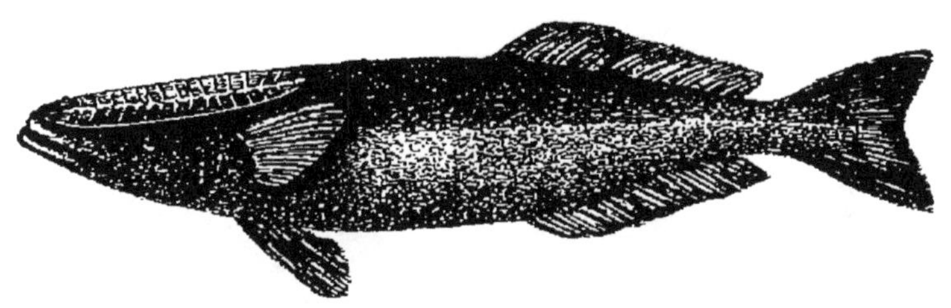

Fig. 104. — Rémora.

longs filaments surmontent sa bouche, et ses nageoires rappellent des mains humaines. Le corps, entièrement garni de barbillons, est de couleur brune en dessus, blanche en dessous; la queue est noire. Pour saisir sa proie, la baudroie se cache dans la vase ou sous les algues, et ne laisse paraître que ses cornes. Les autres poissons, croyant que ce sont des vers, s'approchent sans défiance et sont bientôt dévorés. On a trouvé sur nos côtes des baudroies qui mesuraient jusqu'à un mètre et demi.

De taille beaucoup plus modeste, la *rémora*

ou *arrête-vaisseau*, est peut-être plus intéressante encore. C'est un petit poisson brun, rayé de bandes claires, dont la tête est pourvue de

Fig. 105. — Tétrodon. — Môle.

ventouses. Les rémoras, et en particulier la *rémora-sucet* qui est commune dans la Méditerranée, n'ont pas de vessie à air, qui leur permette de monter ou de descendre dans l'eau. En revanche, grâce à leurs ventouses, elles peuvent se fixer au ventre des autres poissons, et se faire ainsi transporter sans fatigue.

Leur force de cohésion est telle, qu'en se fixant aux bas-fonds, elles résistent aisément à tous les courants et à toutes les tempêtes. Pline raconte que, dans la bataille d'Actium, ce fut un sucet qui arrêta le navire d'Antoine. Au moyen âge, on attribuait encore à ce poisson une force prodigieuse, et le poète Du Bartas chante la rémore, qui

> « . . . . fichant son débile museau,
> Contre le moite bord du tempeste vaisseau,
> L'arreste tout d'un coup au milieu d'une flotte. »

Il est un poisson, qu'on rencontre dans toutes les mers, et dont le corps est tellement aplati et arrondi qu'on l'a appelé *lune*, *soleil*, etc. C'est le *môle*, ou *tétrodon*, ou *porc de mer*, qui paraît d'un blanc argenté à la lumière, et qui est phosphorescent pendant la nuit. Sa chair, visqueuse et d'une odeur désagréable, en fait un animal peu intéressant. Tous les individus de son espèce ne sont pas également plats et polis; quelques-uns sont au contraire arrondis et couverts de piquants triangulaires. Leur bouche est armée de quatre dents. Ces poissons ont la faculté, en absorbant de l'air, de se gonfler comme de véritables ballons. Leurs épines se hérissent alors, et lorsqu'ils paraissent à la surface de l'eau, on les prendrait pour des châtaignes. Les plus grands môles ont deux pieds de longueur.

L'*exocet volant* ne se contente pas, comme le tétrodon, de paraître à la surface de l'eau, il

Fig. 106. — Poisson volant.

prend son essor au-dessus de la mer. A proprement parler, les poissons volants ne volent pas; ils se servent seulement de leurs nageoires pour bondir et se soutenir quelque temps hors de l'eau. Le plus commun, dans la Méditerranée et l'Océan, a le ventre argenté, la tête, le dos et les côtés azurés, la queue et la nageoire dorsale d'un bleu foncé. Le *trigle milan*, qui ressemble à l'exocet par sa forme, a le dos rouge avec des taches noires, bleues et jaunes sur les nageoires. Enfin, l'*hirondelle de mer* a la tête violette, les nageoires bleues et vertes, les yeux et le dos rouges. Comme on le voit, ces poissons sont ornés des couleurs les plus riches et les plus variées. L'éclat de leur parure ne sert d'ailleurs qu'à les trahir. En butte aux attaques des albatros et des frégates, les poissons volants ne peuvent ni voler assez vite pour échapper à l'oiseau, ni nager assez bien pour fuir le poisson. Souvent, ils errent en bandes à la surface de l'eau et viennent tomber sur le pont des navires.

Nous pourrions encore dire quelques mots, dans ce chapitre, des *souffleurs*, qui viennent parfois prendre leurs ébats sur nos plages, et chasser les mulets jusque dans nos ports; — des *cachalots*, qui sécrètent l'ambre gris, qu'on trouve échoué parfois sur le rivage et qui était autrefois employé dans la cuisine; — des *tortues*, ces gros reptiles enveloppés dans une boîte osseuse ou cornée, qui viennent s'égarer parfois dans le voisinage de nos îles, de l'île de Ré, par exemple; —des *baleines* dont on faisait, au moyen âge, un commerce important à

Biarritz; mais ce sont là des animaux qui appartiennent plutôt aux mers lointaines, et nous nous sommes promis de ne jamais perdre de vue les côtes de France. Aussi, nous bornerons-nous à dire quelques mots du *marsouin* et d'un être qui a donné lieu aux légendes les plus fantastiques, du *dauphin*.

Fig. 107. — Marsouin.

Le *marsouin* est un mammifère, qui ne peut vivre continuellement dans l'eau : il est obligé, pour respirer, de venir se montrer de temps en temps à la surface. Il a le dos noir, le ventre blanc, les nageoires courtes, un museau tronqué et arrondi. Les marsouins s'élancent par bandes de huit ou dix, jouent, bondissent, frappent l'eau de leur queue, tantôt plongeant profondément, tantôt rasant la crête des vagues. Ils vivent de mollusques et de poissons, et respirent par des évents, placés au sommet de leur tête. Les femelles, qui ont des mamelles, allaitent leurs petits en les tenant avec leurs nageoires, de façon qu'ils aient, autant que possible, la tête hors de l'eau. Peu craintifs et aussi peu dangereux, les marsouins viennent parfois prendre leurs ébats jusqu'au milieu des baigneurs.

Le *dauphin*, comme le marsouin, est un mammifère marin, un cétacé, qu'on rencontre dans toutes les mers. Sa taille ne dépasse pas quatre mètres; sa tête est arrondie; son museau proéminent rappelle le bec du cygne ou de l'oie. Élancé, mince, ce poisson, qui a une queue flexible et bien fendue, ne manque pas de grâce. Ses mâchoires sont pourvues de dents pointues; son œil est jaune, avec une prunelle noire légèrement triangulaire. De chaque côté de la tête sont des évents, qui permettent à l'animal de respirer. Le dauphin a l'oreille fine, et fait entendre parfois un mugissement particulier. Il nage avec une extrême rapidité; pour sauter, il se replie sur lui-même et détend tout à coup vigoureusement sa queue, ce qui lui permet de s'élever à plusieurs mètres au-dessus de l'eau. Naturellement peureux, il est cependant carnassier et vorace, et, s'il s'approche des navires, c'est dans l'unique espoir d'attraper quelque proie. C'est à son peu de courage, qu'on doit sans doute attribuer la renommée de grande douceur dont il jouit. L'espèce la plus répandue a le dos noir et le ventre blanc; on la trouve communément dans la Méditerranée. La plus grande espèce, l'*orque* ou *épaulard*, mesure jusqu'à dix mètres, et ne craint pas de s'atta-

Fig. 108. — Dauphin.

quer à la baleine; l'orque est rare dans nos parages. Une troisième espèce, *les globiceps*, qui habitent l'Océan, présentent cette particularité, qu'ils vont toujours par troupes, sous la conduite d'un chef, et que, lorsque le chef vient à échouer, tous les autres font de même. Les marins, qui connaissent cette habitude, commencent toujours par faire une chasse acharnée au conducteur de la bande.

La vie et les mœurs des dauphins ont donné

lieu, dans l'antiquité, aux fables les plus extraordinaires. Ovide raconte que, des marins ayant offensé Bacchus, qui s'était présenté à eux sous les traits d'un enfant, le dieu reprit sa figure divine, évoqua à ses côtés des tigres, des panthères et brandit son thyrse orné de pampres. Les cordages et les voiles du navire se couvrirent de vignes, et les marins épouvantés se précipitèrent dans l'onde, où ils furent métamorphosés en dauphins.

Sous Auguste, d'après la tradition, un dauphin, qui était entré dans le lac Lucrin, avait conçu une vive affection pour un enfant qui faisait souvent le voyage de Baies à Pouzzoles, pour se rendre à l'école. A midi, c'est-à-dire à l'heure de sa récréation, l'enfant venait jeter des morceaux de pain au dauphin qui l'attendait. A quelque moment de la journée que l'enfant l'appelât, le dauphin accourait, et, après avoir reçu sa ration accoutumée, présentait son dos à l'écolier et le portait à Pouzzoles; le lendemain il le ramenait de même. L'enfant étant mort, le dauphin continua à venir à l'heure habituelle, mais il était plein de tristesse. Bientôt il mourut lui-même, et ce fut probablement du regret de ne plus voir son ami.

On se rappelle également l'histoire du poète

grec Arion, qui avait frêté un navire pour revenir à Corinthe, sa patrie, avec les richesses qu'il avait amassées. Les matelots, tentés par ses trésors, se révoltèrent et résolurent de le tuer. Le poète essaya vainement de les calmer et de les toucher par ses poésies; se voyant perdu, il leur demanda seulement, comme grâce suprême, de le laisser chanter une dernière fois, avant de mourir. La poésie et la musique n'attendrirent pas plus ces cœurs durs que les prières, et Arion, désespéré, se précipita dans les flots. Mais un dauphin, qu'avait attiré le son de sa lyre, le reçut sur son dos et le transporta au cap Ténare d'où le poète se rendit sain et sauf à Corinthe. Le tyran Périandre fit crucifier les matelots, et Apollon métamorphosa en constellation le dauphin qui avait sauvé Arion.

Pline raconte en ces termes une pêche merveilleuse, qui se pratiquait, tous les ans, dans les environs de Nîmes. — A une certaine époque de l'année une immense quantité de mulets se précipite dans la mer par l'étroite embouchure de l'étang Latéra. Ces poissons attendent le moment du reflux, ce qui fait qu'on ne peut leur tendre des filets, qui d'ailleurs ne seraient pas assez forts pour résister à une telle masse. Les habitants, qui connaissent l'époque de cette émigration, s'assemblent sur le rivage, et se mettent à crier : Simo, Simo! Aussitôt les dauphins, qui comprennent qu'on a besoin d'eux, arrivent en toute hâte. On croirait voir accourir une armée, à l'instant même où le combat va s'engager. Ils ferment la mer aux mulets qui, épouvantés, se rejettent vers les bas-fonds. Alors les pêcheurs les enveloppent de leurs filets, qu'ils soutiennent avec des fourches. Les mulets essaient de sauter par-dessus; mais les dauphins sont là qui les guettent et qui les tuent; et, chose curieuse, ces précieux auxiliaires attendent que la victoire soit achevée et les mulets embarqués, pour manger ceux qu'ils ont tués.

De nos jours la légende du dauphin ne se retrouve plus que dans le blason. Le titre de dauphin a été pris, on le sait, pour la première fois par Guigues IV, qui passa un acte en 1140 avec Hugues II, évêque de Grenoble. Humbert II, un descendant de Guigues, vendit ses terres, en 1342, au roi de France, en stipulant que, à partir de Charles V, petit-fils de Philippe VI, les fils aînés des rois de France porteraient le titre de *dauphins*. Les États d'Humbert prirent le nom de *Dauphiné*.

A propos d'un dauphin de France, qui fut Louis XIV, un vieil auteur raconte une anecdote curieuse qui remonte au mois de septembre 1638, alors que les galères françaises étaient aux prises avec une flotte espagnole, en vue de Gênes : « Le chef des ennemis était déjà au milieu de ses quatorze galères, comme voilà que tout à coup quatre-vingts ou cent dauphins parurent sur l'eau ; ils se rangèrent autour du capitaine de France, bondissant sur l'eau, glissant de la proue à la poupe, s'eslançant vers l'ennemy, et faisant mille passades, qui firent incontinent esclater tout l'équipage en ces voix d'allégresse : « Vive le roi ! nous aurons du dauphin, » prenant cette si subite et inopinée rencontre du roi des poissons qui se rangeait de leur partie, non seulement pour l'annonce d'une victoire prochaine, mais de plus pour le présage assuré que la reine accoucherait heureusement d'un Dauphin. Et de fait, quatre jours après, naquit Monseigneur le Dauphin. Cette joie fut si extraordinaire qu'elle porta la chiourme à demander les armes et permission de mériter par une bonne action la liberté qu'ils espéraient à la naissance du Dauphin, et M. le général ayant demandé qu'on en déferrât plusieurs, on vit en un instant des forçats métamorphosés en très bons et affectionnés soldats, qui ne contribuèrent pas peu à la victoire. »

XI.

LES PLANTES.

Règne animal et règne végétal. — Zoospores. — Algues. — Zoospermées. — Phycées. — Floridées.

Dans la mer, le règne animal et le règne végétal se touchent de si près, à leur limite, qu'il a été longtemps impossible de les distinguer; longtemps les polypiers ont été pris pour des pierres végétantes, et les corallines pour des animaux. On trouve dans l'eau de petits corpuscules globuleux ou ovoïdes, munis d'un bec pointu, qui nagent à l'aide de cils vibratiles; bientôt ils se fixent à quelque corps sous marin, germent et se transforment en algues : ce sont des *zoospores*. Lorsque la plante est entièrement développée, la matière verte des cellules forme à son tour de véritables animalcules qui percent leur prison et vont, comme les premiers, prendre racine ailleurs. Certaines algues microscopiques, qui poussent dans les rochers où l'eau de pluie s'est amassée, sont, tour à tour, plantes et animaux infusoires. Il est donc bien difficile d'établir une

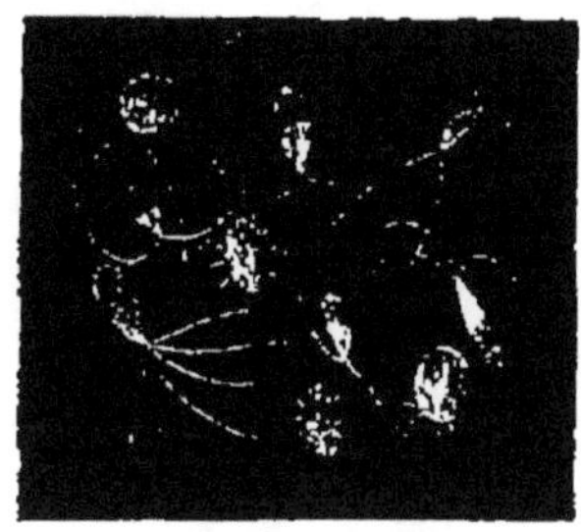

Fig. 109. — Zoospores.

distinction nette entre les plantes et les animaux.

La variété des algues est infinie. « Nos forêts, nos prairies de la terre, dit Darwin, paraissent désertes et vides, si on les compare à celles de la mer. » Le fond de l'Océan est un immense jardin, garni des plantes les plus merveilleuses; les unes tapissent les rochers; les autres étalent leurs vives couleurs jusqu'à cinquante mètres de profondeur; d'autres enfin flottent à la surface de l'eau. Si on les regarde de près, on remarque que toutes ces algues ne sont que des masses gélatineuses, recouvertes d'une enveloppe, et divisées en rameaux irréguliers, qui ont pour feuilles des expansions membraneuses. Elles servent à nourrir des poissons et des mollusques; les prairies sous-

Fig. 110. — Laitue de mer.

marines sont habitées par des millions d'animaux; l'homme y trouve de la soude et de bons engrais. Quelques algues sont même utilisées comme aliments par les pauvres. — Les *laminaires* produisent un sucre doux; la *céramie pourpre* ou *mousse de Corse* possède une amertume salutaire à l'organisme; le *capillaire* exerce une action bienfaisante sur les poitrines faibles. Il n'y a pas, dans toute la mer, un seul poison végétal.

Les algues sont réparties en trois familles : les *zoospermées*, qui se rapprochent le plus des animaux et se reproduisent par les zoospores; elles sont vertes et on les trouve à la surface de l'eau ou à de petites profondeurs. — Les *phycées*, qui vivent un peu partout, sont d'un vert olivâtre ou d'un brun plus ou moins foncé. — Enfin les *floridées*, roses, violettes ou pourpres, n'habitent que les profondeurs de la mer. Il est à remarquer que plus les algues sont éloignées de la lumière, plus elles sont parées de couleurs vives. C'est dans la journée qui suit la nouvelle ou la pleine lune, lors des grandes marées, qu'on a la chance de rencontrer le plus grand nombre de plantes sur les rochers, à l'embouchure des fleuves ou dans les flaques d'eau.

Les *zoospermées* abondent dans la zone des marées ordinaires; c'est d'abord le *gazon de mer*, espèce de soie fine et verte, qui couvre les pierres d'une enveloppe glissante; puis la *laitue de mer* qu'on rencontre dans les anfractuosités des rochers, et qui a une large feuille ovale, dentelée et plissée, qu'on mange sur certaines côtes. La *laitue pourpre*, meilleure au goût que la *laitue verte*, croît sur les rochers découverts; elle ressemble à la première, mais elle est pointillée de rouge. Ces grains

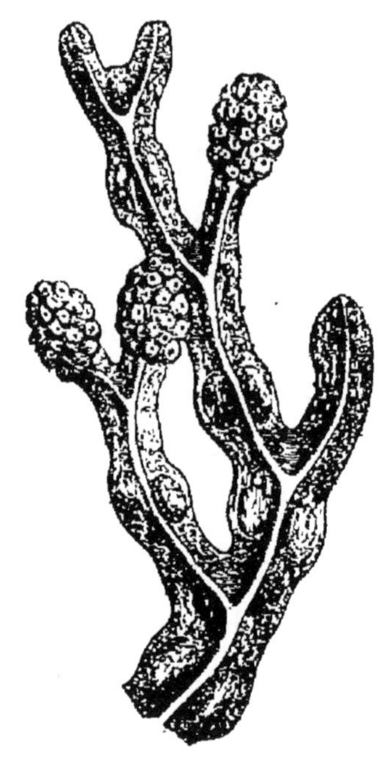

Fig. 111. — Varech commun.

colorés n'apparaissent d'ailleurs qu'en hiver et au commencement du printemps. Réduites en gelée et arrosées de citron, ces *ulves* sont, dit-on, un mets très apprécié.

On trouve encore, sur toutes les côtes, une algue verte à tige cylindrique, revêtue de filaments incolores, le *codium*, — et aussi le *bryopsis*, petite plante composée de plumes, qui s'épanouissent dans l'eau et se ramassent en un tas informe, lorsqu'on les en retire.

Avec les *varechs* olivâtres, nous entrons dans la famille des *phycées*. Attaché aux rochers par un empatement, le *varech commun* se compose d'une tige cylindrique, qui s'étale en fronde plane, plusieurs fois bifurquée; on y remarque une nervure médiane et des vésicules pleines d'air. A la maturité, les extrémités des frondes se gonflent en gousses et renferment des tubercules, où sont les graines et les spores. Les algues deviennent plus grandes à mesure qu'elles vivent dans des eaux plus profondes.

Le *varech à nœuds* a des ramifications épaisses, gonflées, de distance en distance, par des vessies d'air et couvertes en hiver et au printemps de tubercules jaunes. Très vigoureuse, cette algue atteint parfois un mètre de longueur.

Le *varech denté*, privé de vessies d'air, a les frondes découpées sur les bords comme une scie. A leur extrémité se forme un amas de tubercules qui contiennent des spores. Ce varech, qui conserve longtemps sa fraîcheur sans fermentation, sert à emballer les coquillages et le poisson. On l'emploie également comme engrais, et on en retire une grande quantité de soude.

On distingue encore le *varech cannelé,* re-

Fig. 112. — Varech à nœuds.

connaissable à ses tiges, et le *varech cornu,* dont les gousses sont oblongues et pointues. D'une façon générale, les varechs qu'on rencontre sur nos côtes sont d'un vert brun; ceux que ramène la drague, sont jaunâtres. En Bretagne et en Normandie, on les fait sécher sur la plage et on y met le feu; dans les cendres on récolte de la soude brute. Les sels de varech sont également riches en potasse.

Lorsque la mer se retire très loin, on découvre de nouvelles plantes, plus grandes, plus fortes que les premières, mesurant jusqu'à deux et trois mètres. L'*herbe à rames* ou *laminaire*

Fig. 113. — Varech denté.

digitée est une des plus connues; c'est une fronde large, plane, découpée en lanières parallèles et soutenue par une tige ligneuse, qui rappelle la feuille du palmier. L'empatement, qui la fixe au rocher, n'est pas fait de racines, mais de crampons, destinés seulement à retenir la plante. Les algues se nourrissent également par tous les points de leur surface. On fait, avec la tige des laminaires, des manches de canifs et de couteaux. Fraîche, cette tige est flexible; mais elle se contracte en séchant et devient dure comme de la corne. La *laminaire sucrée*, ou *baudrier de Neptune*, s'élève à plus de deux mètres; sa feuille, d'un vert foncé, mesure de huit à dix centimètres,

Fig. 114. — Laminaire ou herbe à rame.

Lorsqu'elle est desséchée, elle se couvre d'efflorescences sucrées dont se servent les habitants pauvres de l'Irlande. Cuite et assaisonnée de beurre, cette algue offre, dit-on, un excellent aliment. On remarque souvent, parmi les laminaires, une sorte de corde renflée vers son milieu, c'est le *lacet de mer*. La tige cylindrique, qui la constitue, renferme un tube divisé par des cloisons. Sa longueur varie entre quarante centimètres et six mètres. Plus curieuse encore est la *zonaire* ou *queue de paon*, qui croît surtout dans la Méditerranée, et dont les frondes en éventail sont formées de fibres délicates, qui décomposent la lumière comme des prismes.

Les laminaires sont les plantes géantes de

Fig. 115. — Zonaire paon.

nos mers : elles atteignent jusqu'à quatre mètres, ce qui n'est rien d'ailleurs auprès des algues de l'océan Pacifique, dont les troncs mesurent de sept à huit mètres, et dont les rameaux couvrent parfois cinq cents mètres de surface.

Avec les *corallines*, moins grandes, mais

plus jolies, nous entrons dans la famille des *floridées*. Ce sont de petites masses épaisses, qu'on rencontre sur les rochers, à la limite des basses eaux. Elles absorbent tant de carbonate de chaux qu'une partie calcaire reste absolument intacte, alors que les parties végé-

Fig. 116. — Coralline.

tales sont mortes. La coralline, vivante, est rose ou rouge pourpre; les tiges blanches, que l'on y trouve assez souvent mêlées, ne sont que des squelettes. Cette particularité a fait longtemps classer les corallines parmi les polypiers. Un savant en a conservé pendant deux ans, en compagnie d'animaux et d'autres plantes, dans un aquarium, sans changer l'eau, qui d'ailleurs ne s'est pas corrompue. Il en a conclu que les corallines fournissaient l'oxygène nécessaire à l'existence des autres petits habitants. Comme la *mousse de Corse*, ou *fucus vermifuge*, on les emploie contre les vers, chez les enfants.

Fig. 117. — Polysiphonia.

Pour les conserver à sec et dans toute leur beauté, il faut avoir soin de les laver dans l'eau douce, puis de glisser en dessous, lorsqu'elles sont encore dans l'eau, une feuille de papier blanc, sur laquelle on étale alors facilement leurs rameaux. On retire lentement la feuille, et les corallines, en séchant, y restent fixées.

Les floridées, qui ont toutes de charmantes

couleurs, vivent généralement sous l'eau, même à mer basse. Quelques-unes s'attachent à d'autres plantes que les vagues rejettent parfois sur le rivage; mais c'est dans les anfractuosités des rochers qu'il faut surtout les chercher. La

Fig. 118. — Plocamium vulgaire.

mer, en se retirant, laisse souvent à découvert de petits bassins naturels où l'on peut voir les blennies et les palémons se jouer à travers les fucus. Les bords sont tapissés de mousse; et les parois, garnies d'actinies, qui étalent leurs tentacules bariolés au milieu des corallines roses. Tout au fond, les polysiphonia, les céramies, la delessaria, rivalisent de grâce et de fraîcheur de teintes. Plus les couleurs sont vives, plus la plante est vigoureuse; chez les floridées, des taches jaunes sur les feuilles ou les rameaux annoncent toujours la mort.

Ajoutons à cette petite énumération le *plocamium*, qui atteint à peine cinq ou six centimètres et qui est d'un beau rouge; chacune de ses branches, grosses comme des fils, est garnie

Fig. 119. — Chicorée de mer.

d'un côté de ramilles qui ressemblent aux dents d'un peigne. — L'*halymenia* s'attache aux laminaires, aux rochers; ses frondes, planes, se divisent en quatre ou cinq segments; on remarque parfois, le long des frondes, de petites palmettes d'un rouge vif. — La *chicorée de mer*, ou *chondrus*, a les frondes déployées en éventail, découpées en segments frisés; elle est d'un rouge foncé, avec des reflets changeants et azurés. — Une autre espèce de chicorée, qui vit plus à la lumière, est d'un vert pâle et jaunâtre. En effet, plus les floridées sont à l'abri du jour, plus elles ont des couleurs éclatantes. Connue en Angleterre sous le nom de *mousse d'Irlande*, cette chicorée sert à faire des gelées, employées en

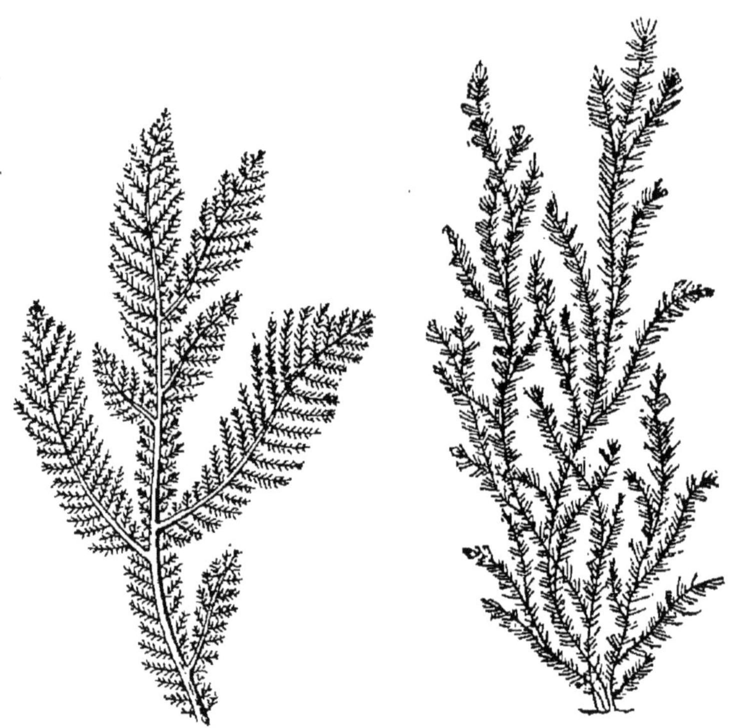

Fig. 120. — Céramies plumeuse et élégante.

médecine. On en tire également un apprêt pour les étoffes. Les pauvres s'en nourrissent. — Près de l'halymenia et de la chicorée, nous trouvons encore l'*iridœa* comestible, petite plante dont la fronde, longue de dix centimètres environ, a la forme d'une raquette, et qui est de couleur pourpre avec des reflets glacés, bleus, verts et violets. On la mange crue ou cuite indifféremment. — Mais les plus charmantes des floridées sont sans contredit les *céramies*. La *céramie diaphane*, d'une extrême finesse, a les tiges articulées, rameuses, composées de cellules cylindriques alternativement roses et blanches. La *céramie plumeuse* rappelle par ses rameaux les barbes d'une plume; elle est d'un beau rouge. Enfin la *céramie élégante* est peut-être encore la plus gracieuse de toute la famille.

Nous terminerons cette excursion dans les prairies *sous-marines*, en citant une dernière plante qui, bien qu'elle vive au fond de la mer, n'appartient pas aux *hydrophytes*, c'est le *zostère*. Cette plante, qui a de véritables racines, qu'elle enfonce dans le sable, fleurit et se développe comme une plante terrestre. Elle étend sur de vastes espaces ses tiges rampantes, qui émettent de loin en loin des touffes de racines nouvelles ; des fleurs poussent à la naissance des feuilles, qui ne sont que de longs rubans verts satinés.

CHAPITRE XII.

LES OISEAUX.

Mouettes. — Hirondelle de mer. — Goélands. — Stercoraires. — Fou. — Cormoran. — Guillemot. — Macareux. — Macreuses (légendes). — Grèbe. — Plongeon. — Huîtrier. — Courlis. — Tourne-pierre. — Alouette de mer. — Barge. — Avocette. — Combattant. — Canards sauvages (chasse).

Levons les yeux au-dessus de ce sable fin et doré, au sein duquel nous avons trouvé mille petits êtres curieux, au-dessus de cette immensité bleue dans les profondeurs de laquelle nous avons rencontré des forêts sauvages et de délicieux jardins, peuplés d'habitants mystérieux, et regardons le ciel. Des oiseaux, gros et petits, passent et repassent, chasseurs infatigables d'une proie qui se renouvelle sans cesse. Les uns paraissent comme un point blanc dans l'air ensoleillé, jettent quelques cris aigus, puis s'abattent tout à coup et viennent raser la surface de l'eau de leurs ailes puissantes; les autres, perchés sur la cime des rochers, poussent de temps en temps une note lugubre, qui semble annoncer la tempête prochaine. Quelques-uns montent si haut qu'on les entend sans les voir, et d'autres vont si loin qu'ils sont obligés de chercher un refuge sur les navires pendant la tempête.

Les oiseaux, que l'on remarque le plus souvent sur nos côtes, sont les *mouettes*. On les reconnaît à leurs ailes longues et fortes, à leur bec allongé, crochu, nu à sa base et comprimé sur les côtés. Les mouettes ont quatre doigts aux pattes, dont deux entièrement palmés, un troisième bordé d'une petite membrane étroite, et le quatrième élevé de terre. Ces corbeaux des mers, aussi voraces que leurs collègues au plumage noir, semblent avoir pour mission de nettoyer la surface de l'eau de tous les débris qui y paraissent. Naturellement lâches, ils ne s'attaquent qu'aux animaux plus faibles qu'eux, et ne s'acharnent que sur les cadavres. En revanche, leur avidité et leur gourmandise les poussent souvent à se battre entre eux avec fureur et parfois sans grand motif apparent. Malheur à celui qui est blessé; les autres, excités par la vue du sang, l'immolent sans pitié.

Ils dévorent indistinctement poissons frais ou pourris, chair saignante ou corrompue; mais ils supportent, aussi, vaillamment la faim. On affirme qu'ils peuvent vivre huit ou neuf jours sans prendre de nourriture; et cependant leur

Fig. 121. — Grande mouette ou mouette rieuse.

appétit est si grand, qu'ils avalent, sans hésiter, amorce et hameçon. Il suffit qu'un pêcheur leur présente une proie à l'extrémité d'une pointe pour qu'ils viennent s'enferrer eux-mêmes. Sur certaines côtes, ils atteignent des proportions telles qu'ils peuvent attaquer impunément des agneaux et les mettre en morceaux. Répandus sur le monde entier, les *goélands* et les mouettes se tiennent de préférence sur les rivages abondants en poissons; ce qui n'empêche pas d'ailleurs qu'on en trouve jusqu'à cent lieues en mer. Dans les îles désertes des contrées polaires, qu'ils habitent en grand nombre, ces oiseaux font leur nid dans le sable. Un simple trou leur suffit; la femelle y dépose de deux à quatre œufs qui sont, prétend-on, d'un goût fort agréable. On n'en saurait dire autant de la chair, qui est détestable. Un missionnaire raconte pourtant qu'aux Antilles on ne dédaigne pas cette nourriture. « C'est une chose plaisante, écrit-il, de les voir accommoder par les sauvages, car ils les jettent tout entiers dans le feu, sans les vider ni plumer; et la plume venant à se brûler, il se fait une croûte tout autour de l'oiseau dans laquelle il se cuit. Quand ils veulent manger, ils lèvent cette croûte, puis ouvrent l'oiseau par la moitié. » Les Groënlandais les exposent à l'air, pendus par les pattes, pendant plusieurs jours, pour laisser couler la graisse et l'huile qu'ils renferment. A notre avis, le plus grand avantage de ces oiseaux est encore de nettoyer les plages de toutes les immondices.

Parmi les différentes espèces de mouettes, on distingue la *mouette rieuse*, la *mouette blanche* et la *petite mouette*. La mouette rieuse ou *grande mouette* a la gorge, le cou, la poitrine, la queue et toute la partie postérieure d'un blanc de neige. La tête est recouverte d'une calotte brune; les couvertures supérieures et les ai-

Fig. 122 — Hirondelle de mer.

les sont d'un joli gris cendré; le bec et les pattes, d'un beau rouge. Son cri ressemble à une sorte de ricanement; de là vient son surnom. De la taille d'un gros pigeon, très vive, très remuante, moins méchante que d'autres, elle mange beaucoup d'insectes, fait la chasse aux scarabées et aux mouches, et s'en remplit souvent l'œsophage jusqu'au bec. On peut l'habituer à vivre dans un jardin, en la nourrissant de lézards, d'insectes et de pain, et en lui donnant beaucoup d'eau. Au moment du flux, elle remonte volontiers les rivières. D'ordinaire, elle fait son nid près de l'embouchure des fleuves, dans les herbes, ou bien dans quelque trou de la falaise, et y dépose trois œufs olivâtres tachetés de brun. Comme cette mouette est fort criarde, surtout dans son jeune âge, les habitants de la Normandie l'appellent *petite miaule*, ou encore *tattaret*, pour rappeler le cri qu'elle fait entendre.

La *mouette blanche* a le bec gris et les yeux jaunes. — La *petite mouette* a le bec d'un brun rougeâtre, l'œil bleuâtre, la tête et le haut du cou noirs, le dos et les ailes gris, l'extrémité des pennes blanche, les pieds rouges et le ventre blanc.

L'*hirondelle de mer*, presque aussi commune que la mouette, ressemble beaucoup à l'hirondelle terrestre. Elle a la queue fourchue et les ailes croisées sur le dos. Son bec, plus long que sa tête, est pointu et comprimé sur les côtés, droit ou légèrement courbé à son extrémité. Elle vole constamment et avec une très grande rapidité. Tantôt elle s'élève si haut dans l'air qu'on la perd de vue, tantôt elle s'abaisse jusqu'au niveau de l'eau et saisit sa proie au passage. Elle pousse des cris aigus, lorsqu'elle monte droit vers le soleil ou quand elle appelle ses amies du voisinage pour entreprendre une expédition. Sa nourriture habituelle se compose de petits poissons, qu'elle pêche en volant ou en se laissant tomber parfois d'une hauteur de vingt à trente pieds, et aussi d'insectes qu'elle trouve sur sa route.

Fig. 123. — Goéland à manteau noir.

L'espèce la plus répandue est le *Pierre-Garin;* cet oiseau a le dos gris, le ventre blanc, la tête noire, le bec et les pieds rouges. La femelle dépose sur le sable un, deux ou trois œufs d'un gris verdâtre; le terrain qu'elle choisit de préférence est à l'abri du vent du nord et protégé par de petites dunes.

L'hirondelle de mer n'est pas plus grosse qu'une alouette; elle porte un manteau gris, une calotte noire; son bec et ses pieds sont jaunes. « Cette hirondelle est si criarde, dit Belon, qu'elle en estonne l'air, et fait ennui au gens qui hantent l'ésté par les marais et le long des petites rivières. »

Le plus grand oiseau de la famille des mouettes est le *goéland à manteau noir*, qui a le bec jaunâtre et le ventre blanc. Son corps, robuste et taillé pour la course, est arrondi en avant et effilé; ses ailes sont longues; ses pieds courts et palmés. Il pousse un cri rauque qui se fait entendre malgré la tempête. A l'approche du mauvais temps, il se réfugie dans les anses des rochers et jusque dans les ports. Il remplit en conscience son rôle d'agent de la salubrité publique; et ne laisse rien de ce qui peut se manger à la surface de l'eau. Il fréquente les endroits où les marins tendent leurs filets, et souvent il s'approche si près des navires, pour essayer de saisir quelque poisson, que les marins peuvent l'abattre d'un coup d'aviron.

Autant la mouette est lâche, autant le *stercoraire* est courageux. Arrivant à tire d'aile de la haute mer, il poursuit avec acharnement les autres oiseaux, pour leur ravir leur pâture; il les force à la dégorger et s'en empare aussitôt. Son bec est presque cylindrique et couvert à la base de sa partie supérieure d'une membrane qui s'étend jusqu'aux narines. Le *labbe*, variété de stercoraire, abandonne souvent les contrées boréales pour venir jusque sur les côtes de Picardie. Ce petit tyran des

Fig. 121. — Stercoraire Labbe.

mers a dans la tête quelque chose de l'oiseau de proie; il marche, le corps droit, et pousse un cri aigu. « Le vol du labbe, dit Ghister, est très vif et balancé, comme celui de l'autour; le vent le plus fort ne l'empêche pas de se diriger assez juste pour saisir en l'air les poissons que les pêcheurs lui jettent; lorsqu'ils l'appellent lab, lab, il vient aussitôt, et prend le poisson cuit ou cru, et les autres aliments qu'on lui jette; il prend même des harengs dans la barque des pêcheurs, et s'ils sont salés, il les lave avant de les avaler. On ne peut guère l'approcher ni le tirer que lorsqu'on lui jette un appât; mais les pêcheurs ménagent cet oiseau, parce qu'il est pour eux l'annonce et le signe presque certain de la présence du hareng; et, en effet, lorsque le labbe ne paraît pas, la pêche est peu abondante. Le labbe est presque toujours sur la mer; lorsqu'il n'y trouve pas de pâture, il vient sur le rivage attaquer les mouettes, qui crient dès qu'il paraît; mais il fond sur elles, les atteint, se pose sur leur dos, et, leur donnant deux ou trois coups, les force à rendre par le bec le poisson qu'elles ont dans l'estomac, qu'il avale à l'instant. » Au premier abord, on prendrait facilement le *labbe* pour une mouette; mais, en réalité, c'est un parent dénaturé, qui persécute continuellement ses proches et trouve plus simple de les voler que de chasser.

On rencontre parfois sur les côtes de Bretagne et de Normandie un gros oiseau, qui vient des falaises d'Écosse, le *fou*, qu'on appelle aussi *oie à lunettes*, parce qu'il semble, en effet, porter sur le nez une paire de besicles. Cet oiseau, de la taille d'une oie, a le plumage blanc, les premières pennes des ailes et les pieds noirs, le tour des yeux nu et bleuâtre, ainsi que le dessous de la gorge, le bec long, épais et pointu, les ailes vigoureuses et larges, les jambes courtes et robustes. Malgré sa force naturelle, c'est un être paresseux et stupide, qui se laisse dépouiller par des oiseaux plus petits et plus faibles. Sa pêche ordinaire est celle du hareng; cependant il avale aussi d'autres poissons, et son bec peut se dilater assez pour donner passage à un gros maquereau. Le fou jette un cri rauque qui rappelle le cri de l'oie ou du corbeau; il le fait entendre lorsqu'il est poursuivi par le labbe ou la *frégate*, ou quand il est pris d'une frayeur subite. Pour échapper à son ennemi, il plonge sous l'eau; mais la frégate l'attend, lui fait de nouveau la chasse et l'oblige à lâcher son poisson. Le fou pêche en flanant, les ailes presque immobiles; il tombe sur sa proie au moment où celle-ci paraît à la surface de l'eau. Il vole, le cou tendu, la queue étalée, et il ne peut prendre son essor que d'un point élevé. Son insouciance est telle que, lorsqu'il est fatigué, il se laisse aisément prendre à la main sur les vergues des navires. Dampier donne sur les mœurs de cet oiseau des détails curieux : « Dans les îles Alcranes, sur la côte d'Yucatan, écrit-il, la foule de ces oiseaux est si grande, que je ne pouvais passer sans être incommodé de leurs coups de becs; j'observai qu'ils étaient rangés par couples, ce qui me fit croire que c'étaient le mâle et la femelle... Les ayant frappés, quelques-uns s'envolèrent; mais le plus grand nombre resta; ils ne s'envolaient point malgré les efforts que je faisais pour les y contraindre; je remarquai aussi que les frégates et les fous laissaient toujours des gardes auprès de leurs petits, surtout dans les temps où les vieux allaient faire leur provision en mer; on voyait un assez grand nombre de frégates malades ou estropiées, qui paraissaient hors d'état d'aller chercher de quoi se nourrir; elles ne demeuraient pas avec les oiseaux de leur espèce, et, soit qu'elles fussent exclues de la société ou qu'elles s'en fussent séparées volontairement, elles étaient dispersées en divers endroits pour y trouver apparemment l'occasion de piller. J'en vis un jour plus de vingt, sur une des îles, qui faisaient de temps en temps des sorties en plate campagne pour enlever du butin; mais elles se retiraient presque aussitôt; celle qui surprenait un jeune fou sans garde, lui donnaît d'abord un grand coup de bec sur le dos, pour lui faire rendre gorge, ce qu'il faisait à l'instant; il rendait un poisson ou deux de la grosseur du poignet, et la vieille frégate l'avalait encore plus vite. Les frégates vigoureuses

Fig. 125. — Fou ou oie à lunettes.

jouent le même tour aux vieux fous qu'elles trouvent en mer; j'en vis une moi-même qui vola droit contre un fou, et qui, d'un coup de bec, lui fit rendre un poisson qu'il venait d'avaler; la frégate fondit si rapidement dessus qu'elle s'en saisit en l'air, avant qu'il fût retombé dans l'eau. »

Le plus habile de tous les oiseaux pêcheurs

est encore le *cormoran*. Vêtu d'une robe noire à reflets verdâtres, cet oiseau possède un long cou, des jambes courtes et grosses ; il plonge comme un trait et reste longtemps sous l'eau. La couleur de son plumage varie légèrement avec l'âge et le sexe. Sur terre, il marche péniblement ; mais les plus jeunes presque sans plumes, nagent avec une extrême facilité. Le cormoran est d'une telle adresse à la pêche et d'une si grande voracité que dans un étang il peut faire à lui seul plus de dégâts que tous les autres oiseaux de mer ; heureusement, il se tient d'ordinaire sur les plages, dans les rochers, au milieu des joncs et près de l'embouchure des grandes rivières. Au besoin, il se perche sur les arbres. La femelle fait son nid avec des plantes marines sèches et le construit à proximité de la mer. Les œufs, au nombre de cinq, ont une épaisseur de coque extraordinaire. En Chine, on apprivoise les cormorans et on s'en sert pour la pêche. Voici du reste ce que raconte à leur sujet Robert Fortune : « Les rivières et les eaux de la Chine sont peut-être les plus poissonneuses du monde, et, à coup sûr, les Chinois sont les plus grands pêcheurs que je connaisse. Il n'est pas de manière de prendre le poisson qu'ils n'aient apprise ou inventée, et surtout qu'ils ne pratiquent. La plus singulière de toutes leurs pêches est celle qu'ils font avec une espèce de grand cormoran qu'ils savent dresser à cet usage. Ce sont certainement des animaux merveilleux. La première fois que j'assistai à cette pêche,

Fig. 126. — Cormoran.

ce fut à quelques milles de Ning-Po. La pêche se faisait avec deux bateaux, contenant chacun un homme et une douzaine d'oiseaux; ils étaient perchés sur le bord de la petite embarcation, attendant le signal de leurs maîtres. Dès qu'il fut donné, ils se lancèrent ensemble à l'eau et commencèrent immédiatement leurs recherches. Ces oiseaux ont l'œil d'un beau vert de mer; rapides comme l'éclair, ils voient le poisson et plongent à de grandes profondeurs. Une fois saisie par leur bec coupant et crochu, leur proie ne peut plus leur échapper. Le cormoran revient alors à la surface, et dès qu'il est aperçu, on le rappelle au bateau. Aussi docile qu'un chien, il rapporte au maître et rentre dans le bateau, où il dépose sa proie, pour recommencer aussitôt son travail. Ce qui est bien plus étonnant encore, c'est que, lorsqu'il arrive qu'un camoran attaque un gros poisson, assez fort pour qu'il lui soit difficile de le rapporter à lui tout seul au bateau, un ou deux de ses camarades arrivent aussitôt à son secours et tous unissent leurs efforts pour prendre le poisson et le ramener. On passe un petit anneau au cou de ces oiseaux pour les empêcher d'avaler le poisson qu'ils prennent, en ayant grand soin que cet anneau ne puisse pas changer de place et étrangler l'animal. » Cet exercice continue jusqu'à ce que le maître, satisfait de la pêche de son fidèle oiseau, lui délie le cou et lui permette d'aller pêcher pour son propre compte. Pour avaler les poissons, le cormoran les jette en l'air et les reçoit avec beaucoup d'adresse, la tête la première, de manière que les nageoires se couchent au passage et ne le blessent pas. La membrane qui garnit le dessous de son bec, s'étend avec une extrême facilité, autant qu'il est nécessaire, pour laisser glisser la proie.

Fig. 127. — Guillemot.

L'habile pêcheur, avec lequel nous venons de faire connaissance, quoique lourd dans sa démarche, prend encore aisément son essor; il n'en est pas de même du *macareux* et du *guillemot*. Ce dernier a les ailes si étroites et si courtes que c'est à peine s'il peut s'élever au-dessus de la mer. En revanche, il nage sous l'eau et même sous la glace avec une grande rapidité. Son manteau est d'un brun olivâtre et son ventre blanc; son bec, plus long que sa tête, porte à sa base une touffe de plumes. Le guillemot se tient ordinairement sur les côtes d'Angleterre et d'Écosse, mais on le trouve aussi sur les falaises de Normandie. Il fait son nid dans les fentes des rochers et choisit de préférence une paroi verticale pour rendre sa demeure inabordable; il n'y arrive lui-même qu'en sautant de saillie en saillie. Son unique œuf, de couleur verdâtre avec des taches brunes est gros comme celui d'une oie. La femelle couve avec tant d'attachement qu'elle aime mieux se laisser prendre que d'abandonner son nid. Le petit nage et plonge avant de pouvoir voler et l'on affirme que la mère le porte jusqu'à l'eau sur son dos.

Quant au *macareux*, c'est un oiseau de forme bizarre, qui est muni d'un nez dont les parois ressemblent à deux lames de couteau très courtes et appliquées l'une contre l'autre. Les deux mandibules réunies sont presque aussi hautes que longues et forment à peu près un triangle isocèle. Le bec est brun et sillonné de bas en haut par quatre rainures grises; le dos, la tête et les ailes sont noirs; le ventre, blanc. Le macareux se balance en marchant et ne vit sur terre que retiré dans les cavernes ou dans les trous des rochers, d'où il peut facilement se jeter à l'eau. On prétend qu'il ne tient la mer que lorsqu'elle est calme et que, s'il est surpris au large par la tempête, il périt infailliblement.

Fig. 128. — Macareux.

C'est ce qui arrive surtout au départ, en automne et au retour au printemps. Cet oiseau ne vole ni loin ni haut, et encore est-il obligé de s'aider de ses pieds palmés, qui effleurent la surface de l'eau. On a cru longtemps pour cette raison qu'il se servait de ses ailes comme de rames. Sa nourriture habituelle se compose de crevettes, d'étoiles, d'araignées, de coquillages et de poissons. Il pond dans les crevasses des rochers. En Norvège, les macareux sont nombreux; on les saisit avec des crochets. Si le trou, où ils se sont refugiés, est profond, on envoie un chien dressé, qui attrape le premier; les autres le retiennent par la queue avec leur bec. Le chien tire plus fort, et, au lieu d'un, en rapporte ainsi un chapelet au chasseur. En Bretagne, M. Jules Delamotte a longtemps observé ces oiseaux et donne sur leurs mœurs de curieuses indications. — Les macareux arrivent au mois de mars et se tiennent presque toujours à la mer. Vers le 15 mai, ils se retirent pour nicher sur les îles désertes, s'emparent des terriers de lapins, ou creusent eux-mêmes des trous. Le local, qu'ils choisissent, est rapidement miné et, quand on passe dessus, on y enfonce souvent jusqu'aux genoux. Chaque terrier ne contient qu'une femelle et son œuf, qui est gros et blanc comme un œuf de poule. Lorsque la couveuse s'aperçoit qu'on veut le lui ravir, elle se met devant, le pousse derrière elle avec ses pieds jusqu'au fond du trou, et reste toujours en avant pour le défendre, sans cependant se servir de son bec, tant qu'elle est terrée; mais elle s'en sert fort bien au dehors.

Pendant tout le temps de l'incubation, le mâle lui apporte des poissons.

Au moment où les macareux reprennent leur vol, c'est-à-dire en novembre, les *macreuses*

Fig. 129. — Macreuse et anatife.

viennent repeupler nos côtes. C'est une sorte de gros canard noir, au vol lourd, à la démarche pénible, qui plonge jusqu'à trente pieds de profondeur pour attraper des mollusques. Elles se tiennent ordinairement en troupe et font des mouvements d'ensemble. Sur les *côtes* de l'Océan, on appelle les jeunes macreuses des *gri-*

settes. Au printemps, ces oiseaux regagnent les régions arctiques. Les pêcheurs profitent de l'époque où, selon leur expression, les macreuses « plongent aux vaisseaux », pour tendre horizontalement des filets au-dessus des coquillages qu'elles préfèrent, à deux pieds du sable environ. La mer montante recouvre les filets : les macreuses se précipitent, s'empètrent dans les mailles et y restent. Leur chair se mange et a même le privilège d'être permise pendant le carême. Cela tient, nous l'avons dit, à ce qu'autrefois on se figurait que les macreuses provenaient de créations spontanées ou de matières en pourriture. On voyait une grande quantité de ces oiseaux, sans pouvoir jamais découvrir ni leurs nids ni leurs œufs. On prétendait encore que cette espèce de canards était le fruit d'un arbre des Orcades, ou bien naissait d'un coquillage appelé pour cette raison *anatife*. Du Bartas rapporte dans son poème ces différentes croyances.

Le plumage argenté du *grèbe* fait un singulier contraste avec la robe noire de la macreuse. Cet oiseau, dont le duvet fournit une jolie fourrure, fréquente dans la belle saison les côtes d'Angleterre, et ne vient nous rendre visite qu'en hiver. Le vêtement qui couvre sa poitrine est si épais que ni l'eau ni le froid ne peuvent le pénétrer; aussi le grèbe reste-t-il sur l'eau même par les températures les plus rigoureuses. Il nage avec une rapidité surprenante : ses pieds ressemblent à de larges rames. A terre, il est obligé de se tenir droit à plomb. Il évite d'ailleurs le rivage et ne s'y repose que

Fig. 130. — Grèbe.

poussé par le vent. Ce n'est qu'après mille efforts qu'il peut continuer sa route et il est facile alors de le prendre à la main. La femelle fait son nid dans les rochers ou dans les joncs des étangs.

C'est à peu près à la même époque que le *plongeon* vient pêcher sur nos côtes. Ses jambes, trop courtes, l'empêchent de rester à terre, mais lui permettent de nager admirablement. Il peut, dit-on, éviter la balle en plongeant à l'éclair du feu : il ne reparaît, après, qu'à une très grande distance. De la grosseur d'une oie, cet oiseau a la tête et le cou noirs avec des reflets changeants, le dos brun foncé avec des points blancs, et le ventre absolument blanc. En Picardie, on l'appelle *mangeur de plomb*, à cause de la grande difficulté qu'on a à le tirer. On est obligé d'adapter au fusil un carton qui, tout en laissant la mire libre, dérobe le feu à l'œil du plongeon.

Ovide, dans ses *Métamorphoses*, raconte ainsi l'origine fabuleuse de cet oiseau : « Esaque, ayant été enfanté secrètement, dans les forêts de l'Ida, par la nymphe Alexirhoë, recherchait les monts solitaires, les champs étrangers à l'ambition, et se montrait rarement dans les cercles d'Ilion. Son cœur cependant n'était point sauvage et fermé à l'amour ; souvent, au fond des bois, il chercha Hespérie. Il l'aperçut un jour sur les bords du Cébrène, son père, lorsqu'elle séchait au soleil ses cheveux épars sur ses épaules. A son aspect, elle s'éloigne ; telle une biche effrayée fuit le loup menaçant ; telle encore la cane aquatique, surprise par l'épervier, fuit loin du lac qui lui sert de demeure. Le jeune Troyen poursuit Hespérie et la presse : si la crainte hâte les pas de la Nymphe, l'amour donne des ailes à Esaque. Tout à coup un serpent, caché sous le gazon, déchire de sa dent aiguë le pied d'Hespérie, il dépose le poison dans ses veines : elle cesse, au même instant, de fuir et de vivre. Son amant, hors de lui, embrasse ses membres glacés par la mort : « Ah ! dit-il, quel malheur pour

Fig. 131. — Plongeon.

moi de l'avoir poursuivie! Mais pouvais-je le prévoir? Jamais je n'aurais voulu triompher à ce prix. Infortunée, deux ennemis t'ont perdue. Ta blessure fut l'ouvrage d'un serpent, mais j'en suis la cause. Oui, je suis plus coupable que lui, si je ne consolais ton ombre par mon trépas. » A ces mots, du haut d'un rocher miné par l'onde bruyante, il se jette dans la mer. Sa chute se produit sans secousse ; Téthys, touchée de son désespoir, l'accueille avec bonté, et, tandis qu'il sillonne les flots, elle fait croître des ailes autour de son corps : la mort, objet de ses vœux, lui est refusée. Amant malheureux, il s'indigne de vivre malgré lui, et de trouver des obstacles qui retiennent son âme, impatiente de quitter sa triste demeure. Porté sur ses ailes, nées récemment, il vole à la surface des eaux, et soudain il se précipite encore; mais son plumage le soutient dans ses jeux capricieux, il se plonge et se replonge dans l'onde, cherchant sans cesse le chemin de la mort. L'amour a causé sa maigreur : sa jambe est effilée, son cou allongé. Il aime l'eau et doit son nom à l'habitude de s'y plonger.

Tous les oiseaux, dont nous venons de parler sont de véritables oiseaux de mer. Mais il en est d'autres, non moins intéressants, qui attendent, pour paraître, que l'eau se soit retirée, et qui viennent sur la plage faire la chasse aux coquillages. L'*huîtrier*, ou *pie de mer*, par exemple, ouvre les coquilles de son long bec rose et en avale les habitants. Sa robe est blanche et noire ; son cri devient précipité à l'approche du chasseur; il avertit ainsi les autres oiseaux du danger. L'huîtrier visite les points du rivage, où les pêcheurs jettent les intestins des poissons plats, parce qu'il y trouve un grand nombre de petits coquillages dévorés déjà une première fois. Dès que la mer baisse, il se jette sur les filets qu'il rencontre et ouvre le ventre à tous les poissons

Fig. 132. — Huîtrier ou pie de mer.

pour y chercher sa nourriture. La chair de la pie de mer est noire et peu agréable au goût.

Le *courlis* est plus apprécié des gourmets. Autrefois surtout, on prétendait que sa chair avait plus de fumet que celle de la perdrix. C'est un oiseau, à robe brune mélangée de blanc, qui porte un long bec recourbé. Il habite les marais, les prairies humides, les bords des fleuves et de la mer. Il court vite, vole mal, vit d'ordinaire en compagnie, se nourrit de vers, d'insectes et de coquillages, et fait son nid dans les herbes ou dans le sable.

Comme le courlis, le *tourne-pierre* se sert de son bec pour faire la chasse aux vers et aux mollusques; mais il l'a si long, si effilé, et

Fig. 133. — Courlis.

façonné de telle sorte qu'il peut facilement retourner les cailloux et mettre à découvert tous les petits animaux qui avaient cherché là un abri. On affirme que cet oiseau peut déplacer des pierres pesant plus de trois livres.

L'*alouette de mer*, moins robuste mais plus gracieuse, va de rocher en rocher, de plage en plage, criant, sautant, volant sans cesse. Plus blanche sous le ventre et plus brune sur le dos que l'alouette de terre, elle ne fréquente les côtes de France et d'Angle-

Fig. 134. — Tourne-pierre.

terre que pendant l'hiver. Elle vit en troupes nombreuses, et se nourrit de vers marins,

Fig. 135. — Alouette de mer.

qu'elle cherche sur le rivage, en balançant sa longue queue. Elle fait son nid dans le sable. C'est un gibier agréable au goût. « L'on ne peut, dit Belon, voir plus grande merveille de ce petit oiseau, que d'en voir apporter cinq ou six cents douzaines en un jour de samedi en hiver. »

La *barge*, au plumage brun et roux frangé

Fig. 136. — Barge.

de blanc, fréquente les terres fangeuses et les marécages. Elle enfonce le bec dans la vase pour y chercher des vers et de petites plantes. Ce bec est doué d'une extrême sensibilité, ce qui lui permet de sentir plutôt encore sa proie que de la voir. Timide et soupçonneux, cet oiseau se cache pendant le jour et ne sort que le matin et le soir. Il pousse de temps en temps un cri étouffé qui rappelle le bêlement de la chèvre. Toujours triste et mélancolique, la barge n'y voit guère, court continuellement dans la boue et s'abat sur les marais froids, au clair de lune.

Fig. 137. — Avocette.

L'*avocette* vit à peu près de la même façon, et habite également les plages vaseuses. Monté sur de grandes jambes, que terminent de larges pieds palmés, cet oiseau, au ventre blanc et au dos noir, cherche de son bec long et retroussé, les petits vers et le frai de poisson, dont il fait sa nourriture habituelle. Il nage et court avec aisance. Sans défense et toujours inquiet, il se laisse difficilement approcher. Bien que l'avocette remonte parfois les fleuves, les eaux salées l'attirent cependant davantage. On prétend que, lorsqu'on fait lever du nid la femelle, elle contrefait l'estropiée, autant et plus que tout autre oiseau.

Monté, comme l'avocette, sur de longues jambes, le *combattant*, ainsi que son nom l'indique, est d'humeur plus belliqueuse. De la taille de la bécasse, cet oiseau, qu'on appelle aussi *paon de mer*, est pourvu d'un bec effilé, qui lui permet de fouiller dans le sable. De juillet en avril, son plumage, brun verdâtre en dessus, blanc et tacheté de gris en dessous, n'a rien de remarquable; mais d'avril en juillet, le combattant, en oiseau des plus galants, revêt un magnifique habit varié de jaune, de blanc et de roux, et orne son cou d'une superbe collerette. Ses habitudes changent en même temps que son costume : il devient bruyant, tapageur; provoque ses semblables; se dresse sur ses pattes, le corps en avant, le bec en arrêt, et se précipite sur le premier audacieux, qui ose le défier. Plus tard les couples favorisés, les vainqueurs, disparaissent; les vaincus restent seuls sur la plage. En Angleterre on engraisse les combattants avec du lait et de la mie de

Fig. 138. — Combattant ou paon de mer.

pain. On a soin de les tenir dans des endroits obscurs, pour rendre les luttes moins fréquentes; mais l'esclavage n'adoucit point leurs mœurs. Ils attaquent les autres oiseaux, surtout lorsqu'ils voient qu'on les observe.

Ils ne leur font d'ailleurs pas grand mal, car ils n'ont que de faibles armes pour guerroyer.

Avec l'automne, arrivent sur nos côtes de nombreux vols de *canards* de toutes les grosseurs, de toutes les formes, de toutes les couleurs : — les *souchets,* au bec en spatule, les *siffleurs* au cri strident ; — les *pillets* à la queue longue, que les Anglais surnomment le *faisan de mer* à cause de la délicatesse de sa chair ; — les *sarcelles*, enfin, qui, dit Belon, « étoient en grande estime ez banquets des Romains, et ne sont point moins renonmées ez cuisines françiaises, tellement qu'une sarcelle sera bien souvent aussi chèrement vendue comme une grande oye ou un chapon ; la raison est que chacun cognoit qu'elle est bien délicate. »

Les canards sauvages sont beaucoup plus défiants que leurs congénères domestiques. Ils ne s'abattent qu'après avoir fait plusieurs circonvolutions et nagent loin du rivage. Toujours en troupes, ils volent en triangle ; le chef de file va devant. Lorsqu'ils se reposent sur l'eau, la tête cachée sous l'aile, l'un d'eux veille attentivement et donne l'alarme, au premier danger. Ils se nourrissent de graines, d'insectes et de petits poissons. Pendant les gelées, ils vont, à la lisière des bois, ramasser des glands; ils se jetent également sur les champs de blé. Quant les eaux stagnantes sont glacées, ils remontent près des sources. On trouve leurs nids dans les joncs, dans les bruyères, dans les meules de paille

Fig. 139. — Canard sauvage.

et aussi dans les chênes tronqués des forêts. Tant que la femelle couve, le mâle reste près d'elle. Tous les petits, au nombre de seize environ, naissent le même jour, et dès le lendemain sont entraînés à l'eau par la mère. Si le nid est trop élevé ou trop éloigné du rivage, le père et la mère prennent leurs enfants dans leur bec et les portent à l'eau. Le soir, la mère les rassemble et les réchauffe sous ses ailes. Le canard sauvage a la tête d'un beau vert changeant. Sa chair est très estimée, aussi lui fait-on une chasse sans merci.

Sur les bords de la mer et, en particulier, dans la baie de la Somme, où les canards s'abattent en grand nombre, on procède de la façon suivante. Dans une petite île, voisine de l'eau et couverte de roseaux ou de jeunes plants de saules et d'osier, est une cabane garnie de chaume et peu élevée. Pour faire descendre les canards, le chasseur qui est blotti dans la hutte, attache au préalable un ou deux canards domestiques sur le bord de l'eau. Il garde de plus, près de lui, un canard mâle qu'il lâche, dès qu'il aperçoit une volée de canards sauvages. Le canard privé va rejoindre les autres, les amène dans la mare et, chose curieuse, s'en sépare dès qu'il est à l'eau. On dirait qu'il a peur d'être tué avec eux. Cette chasse se pratique à la chute du jour. — Il en est une autre qui consiste à tendre, à marée basse, à deux cents pas environ du rivage, des filets qu'on dispose verticalement à l'aide de perches, qui dépassent le niveau de l'eau. Lorsque les oiseaux sont chassés par de hautes marées ou par des vents violents, ils donnent dans les filets

Fig. 140. — Sarcelle.

et s'y prennent. Entre Saint-Valéry et le Crotoy, les canards sont attirés en grande quantité par les crabes et les animaux marins que la mer laisse à découvert, et vont de là, pour la plupart, échouer dans les pâtisseries d'Amiens.

Parmi les différentes espèces de canards, il en est une, que Baillon a particulièrement observée et qui présente des caractères assez curieux. Le *tadorne* se gîte dans un terrier, comme le renard et le lapin, y fait sa couvée et y élève ses petits. Ces logements souterrains, l'oiseau ne les creuse pas lui-même; mais il s'empare des trous que les lapins ont creusés dans les plaines voisines de la mer. Il ne choisit d'ailleurs que les terriers peu profonds, percés contre des monticules, et dont l'entrée est tournée au midi. Le lapin propriétaire, qui n'oppose du reste aucune résistance, est impitoyablement expulsé. On rencontre des tadornes jusque sur les étangs de la Sologne. « Pendant le temps de l'incubation, dit Baillon, le mâle reste assidûment sur la dune; il ne s'en éloigne que pour aller, deux ou trois fois le jour, chercher sa nourriture à la mer. Le matin et le soir, la femelle quitte ses œufs pour le même besoin; alors le mâle entre dans le terrier, surtout le matin; et lorsque la femelle revient, il retourne sur la dune. Dès qu'on aperçoit, au printemps, un tadorne ainsi en vedette, on est assuré de trouver son nid; il suffit pour cela d'attendre l'heure où il se rend à son terrier.

Si cependant il s'en aperçoit, il s'envole d'un côté opposé, et va attendre la femelle à la mer. En revenant, tous deux volent longtemps au-dessus de la garenne, jusqu'à ce que ceux qui les inquiètent, se soient retirés. — Dès le lendemain du jour où la

Fig. 141. — Tadorne.

couvée est éclose, le père et la mère conduisent les petits à la mer, et s'arrangent de manière qu'ils y arrivent, lorsqu'elle est dans son plein. Cette attention procure aux petits l'avantage d'être plus tôt à l'eau, et de ce moment ils ne paraissent plus à terre. Il est difficile de concevoir comment ces oiseaux peuvent, dès les premiers jours de leur naissance, se tenir dans un élément dont les vagues en tuent souvent de vieux de toutes les espèces. Si quelque chasseur rencontre la couvée dans ce voyage, le père et la mère s'envolent; celle-ci affecte de culbuter et de tomber à cent pas; elle se traîne sur le ventre en frappant la terre de ses ailes, et par cette ruse, attire vers elle le chasseur : les petits demeurent immobiles jusqu'au retour de leurs conducteurs, et on peut, si on tombe dessus, les prendre tous, sans qu'aucun fasse un pas pour fuir. » Les tadornes, qui volent par couples et non par bandes, viennent sur nos côtes au printemps et repartent à l'automne pour l'Angleterre. Ces oiseaux ont la tête et le cou noirs, lustrés de vert, un collier blanc, le ventre jaunâtre, le bec rouge et les ailes noires, tachetées de jaune et de vert.

Avec les canards sauvages, nous sommes arrivés au terme de notre énumération. Nous aurions pu citer encore beaucoup d'autres oiseaux qui fréquentent nos côtes : mais, fidèles à notre programme, nous avons tenu à ne parler que des plus communs, de ceux qui présentent quelque intérêt pour le simple touriste, qui, sans chercher la science, se contente d'ouvrir les yeux et de regarder ce qui l'entoure. Nous avons, tour à tour, dans les pages qui précèdent, exploré les sables et les rochers, les dunes et les falaises, visité les jardins et les forêts, qui couvrent les bas-fonds de l'Océan, poursuivi, jusque dans leurs retraites les plus cachées, oursins, vers, mollusques, crabes et poissons, surpris les secrets des polypes, des méduses et des éponges, en un mot, examiné la plage à tous ses moments, sous tous ses aspects. Notre tâche est achevée. Puisse le lecteur indulgent tirer, sinon quelque agrément, du moins quelque profit de ce modeste volume. Qu'il nous permette, en terminant, et pour ajouter une note un peu plus poétique à ces page arides, de rappeler, dans un dernier chapitre, quelques légendes de l'Aunis et de la Saintonge. Ce sera pour nous une sorte d'hommage rendu au pays où nous avons vécu de longues et bonnes années et où nous avons pris un intérêt si grand à toutes les choses de la mer.

LÉGENDES

D'AUNIS ET DE SAINTONGE

I

LE ROMARIN.

Un soir, je passais sur la digue qui forme l'entrée du port de L..... et qui est protégée contre les vents du sud-ouest par un épais rideau de tamaris. Le soleil venait de disparaître à l'horizon : mais quelques lueurs rougeâtres éclairaient encore la mer silencieuse et bleue. Une brise fraîche et lente apportait des senteurs âcres et sauvages, qui faisaient penser à des rivages inconnus. Les deux grandes tours, qui défendent la ville, devenaient plus imposantes à l'approche de la nuit et donnaient à la vieille cité un air de forteresse. Seuls, les cris des goélands et le bruit monotone de la vague troublaient le silence. Peu à peu les choses devenaient plus vagues; les formes, moins précises; la pensée elle-même n'avait plus d'objet. Tout à coup une voix claire et sonore monta vers le ciel. C'était une jeune fille qui revenait avec sa mère de la pêche aux coquillages et qui chantait, pour oublier la longueur du chemin et les fatigues du jour.

— Une filleule à la reine Léonor était allée sur le rivage pour laver son linge fin et ses précieuses dentelles. Elle portait au doigt un anneau que lui avait donné sa marraine; et ce souvenir lui était cher; mais elle ne prit pas garde, et l'anneau, glissant de son doigt menu, tomba dans la grande mer.

« Beau poisson, si rapide à la nage, va donc chercher ma bague; je te donnerai pour récompense la moitié de mon gâteau. » Les poissons n'écoutent pas et filent comme l'éclair; et l'anneau, que le flot entraîne, descend plus bas dans la grande mer.

« Bel oiseau, qui plonges de si haut, descends donc chercher ma bague; j'ai pour toi, dans ma Saintonge, de quoi faire le plus charmant des nids. » Les oiseaux passent et repassent dans l'air; et l'anneau s'enfonce toujours dans la grande mer.

« Beau chevalier galant, viens, je te prie, viens me rendre ma bague; je te donnerai mon château d'Oleron avec toutes ses tourelles. » Il accompagne sa blanche dame et pour toute autre fait la sourde oreille; l'anneau coule plus avant dans la grande mer.

« Beau pêcheur du voisinage, essaie donc d'attraper ma bague; pour toi je ferai des filets et tournerai le fuseau. » Un marin, c'est tout de flamme; sans hésiter, il plonge pour la belle dame au fond de la grande mer.

Il plonge; il nage pour atteindre le cher bijou. Il ne perd pas courage; mais la force lui manque. Survient une grosse vague, et le pêcheur, sous le flot vert, est entraîné, comme la bague, au fond de la grande mer.

Pauvre filleule à la reine Léonor, tu pleuras tant qu'on eût dit une fontaine.... tu pleures encore! Tes yeux bleus, brillants comme des étoiles, tes longs cheveux, tes larmes amères sont aujourd'hui le romarin sauvage qui croît au bord de la grande mer.

Simple et touchante histoire, dite dans une langue naïve, difficile à traduire, qui rappelle la Nausicaa de l'*Odyssée*. La fille du magnanime Alkinoüs, suivant le conseil d'Athénée aux yeux clairs, s'en alla, elle aussi, au lever du jour, laver et étendre ses vêtements sur les rochers du rivage, pour se préparer à l'hymen prochain.

La mélodie se traîna quelques instants encore; puis la voix, qui chantait, s'éteignit; tout se tut. La nuit était venue; le ciel, profond, d'un bleu sombre, s'illuminait d'étoiles, et la lune laissait tomber sur l'eau noire sa douce et pâle clarté! C'était l'heure où les pensées s'élèvent, où l'on devient meilleur et plus grand, où l'on trouve en soi des désirs infinis de charité et d'amour.... et je rêvai!

II

LE MONSTRE DE CHATELAILLON.

Élise de Caboran ou Camboran aimait un beau et preux chevalier nommé Linstang. Elle avait d'ailleurs plus d'une noble rivale, tant le chevalier avait l'allure fière et les manières courtoises. Un jour, les dames de Chatelaillon avaient convoqué les châtelains et les châtelaines du voisinage pour fêter la victoire de Charles Martel sur les Sarrasins qui avaient dû, après de nombreuses défaites, repasser en toute hâte les Pyrénées. Linstang, qui s'était vaillamment battu, ne fut point oublié. Il parut à l'assemblée et se montra si galant et si spirituel qu'il remporta tout le succès de la journée. Il n'y eut pas une mère qui ne désirât un pareil gendre, pas une jeune fille qui n'aspirât à devenir sa femme; mais le chevalier montrait clairement sa préférence pour la belle Élise de Caboran. Or la demoiselle était triste : la veille, son père, le vieux baron de Charron, avait repoussé durement la demande de Linstang, qui, prétendait-il, n'était pas assez riche pour épouser sa fille. Lorsque les fêtes furent finies, le baron retourna à son château qu'il avait disputé autrefois, les armes à la main, au sieur de Marans. Maintenant Caboran était vieux, et, depuis la mort de sa vertueuse femme, Ermelinde, il n'avait assisté à aucune assemblée; s'il était venu à Chatelaillon, c'était un peu pour montrer sa fille et aussi dans l'espoir de rencontrer le châtelain de Fouras, Ethelbert, dont il voulait faire son gendre. Ethelbert était le fils d'un de ses anciens compagnons d'armes, et l'un des plus riches seigneurs de la contrée. Or le baron trouva à Chatelaillon tous les autres seigneurs, même Linstang, qu'il croyait encore malade de ses blessures, excepté le châtelain de Fouras. Mécontent, l'air chagrin, il était assis au coin de sa cheminée et regardait pétiller le feu, sans dire un mot. Élise, pour lui rendre un peu de gaîté, tout en filant sa quenouille, parlait de sa mère bien-aimée, rappelait quelques-uns de ses propos, de ses actes de charité ou de dévouement; puis, voyant le peu de succès de ses tentatives, elle le questionnait sur sa jeunesse, ses aventures, ses exploits. Mais rien n'y faisait et Caboran pensait toujours à Linstang et à l'amour d'Élise.

A quelque temps de là, une effroyable tempête dévasta le pays; la mer, déchaînée, pénétra dans les terres, renversant les maisons et détruisant les récoltes. Quand l'eau se fut retirée, on trouva sur la plage un monstre, aussi gros qu'un cheval et qui avait la forme d'un serpent. Sa peau, rugueuse et rouge, était couverte d'écailles et de grandes taches grisâtres. Jamais on n'avait vu plus horrible bête. Ses pieds crochus étaient armés de griffes, et sa queue se terminait par un dard; ses épaules étaient pourvues d'ailes et de nageoires; sa tête énorme reposait sur un cou d'une longueur extraordinaire; ses oreilles étaient dures comme des cornes, et ses yeux, grands et ronds, étaient entourés de crins roux, piquants comme des aiguilles; sa gueule, béante et rouge, s'élargissait à volonté et laissait voir six rangées de dents aiguës; enfin son souffle était empesté, et, de temps en temps, le prodigieux animal poussait une sorte de hurlement qui répandait partout la terreur.

Depuis six mois déjà, le monstre ravageait la

contrée, saccageait les moissons, dévorait les troupeaux, les femmes et les enfants. Les malheureux habitants étaient tellement épouvantés qu'ils n'osaient plus quitter leurs demeures et se seraient sans doute laissés mourir de faim, si le baron n'était venu à leur secours. Caboran assembla donc ses archers et les envoya sans retard contre la terrible bête. Mais, dès que ceux-ci eurent lancé quelques flèches, le monstre, devenu furieux, dévora cinq des assaillants et mit les autres en fuite. Le seigneur, mécontent de ce premier échec, fit une nouvelle tentative, qui ne fut pas plus heureuse que la première.

Le vieux baron aurait bien voulu pouvoir manier encore la lance et l'épée, mais ses forces ne lui permettaient plus ce rude métier. Il se souvint alors de Linstang, qui avait une grande renommée pour son adresse, et son courage, et le manda près de lui. Lorsque le chevalier fut arrivé : « Tu aimes toujours Élise, n'est-ce pas, lui dit-il, eh bien! si tu délivres le pays du monstre qui le désole, je te donnerai ma fille en mariage. » — « J'accepte », répondit Linstang, tout joyeux de cette promesse. — « Tu pourras convoquer et armer tous mes vassaux à ton gré; je te laisse une entière liberté et ne te demande pour gage que la tête du dragon. »

Le chevalier se mit aussitôt à l'œuvre, parcourut les villages, enrôla tous les hommes qu'il put trouver, leur donna des lances, des arcs, des pieux et des fourches ; si bien qu'à la fin de la journée il avait déjà trois cents hommes en armes. Dès le soir, il voulut tenter l'aventure et se dirigea vers l'antre de la bête. On entendit bientôt de formidables hurlements ; et les gens eurent peur. Linstang les retint : « Comment, poltrons que vous êtes, il suffit d'un cri pour vous épouvanter ! Allons, prenez courage et marchons ! » A ce moment, le monstre parut et tous s'enfuirent, les uns dans les champs, les autres dans les bois ; le chevalier resta seul, navré d'une pareille trahison. Cependant il n'hésita pas et, après s'être dévotement signé, s'apprêta à défendre chèrement sa vie ; mais le dragon s'était mis à la poursuite de deux des fuyards, qui s'étaient réfugiés dans les roseaux d'un étang voisin, où d'ailleurs ils furent dévorés. Linstang revint chez lui, la tête basse, honteux d'un si piteux échec, ne voulant voir personne, redoutant surtout la rencontre du sire de Caboran.

Le lendemain, comme il réfléchissait encore

à sa mésaventure, une idée traversa tout à coup son esprit et lui rendit toutes ses espérances. Ses gens ont peur et se sauvent, ses chiens se feront éventrer, mais ne l'abandonneront pas. Il appelle ses dogues, dressés depuis longtemps à la chasse du sanglier. Voilà de fidèles et vaillants compagnons; ils accourent tous au cri du maître, dressant l'oreille, remuant la queue, impatients de partir en guerre. Mais, pour tirer parti d'une telle ardeur, il faut d'abord les habituer à la vue du dragon. Pour cela, Linstang essaie, avec du bois et des toiles peintes, de représenter la bête, puis il fait approcher les chiens qui s'arrêtent d'abord, pleins de frayeur, et poussent des hurlements plaintifs. Le chevalier les excite de la voix et du geste; rien n'y fait. Saisissant alors son épée, il frappe le mannequin à coups redoublés, soudain les chiens se précipitent et dévorent le monstre à belles dents.

Le jour suivant, Linstang recommence l'épreuve, et pour la rendre décisive, adapte à la machine des ressorts qui font mouvoir la tête, les yeux, la gueule et la queue. Les dogues la mettent en pièces, comme la première fois. Ainsi assuré du succès, le chevalier attache à ses chiens de larges et solides colliers, hérissés de longues pointes, les couvre d'une ceinture de cuir, garnie de lames tranchantes, et leur entoure les pattes de bracelets couverts également de pointes aiguës. Lui-même s'arme de pied en cap et se dirige vers l'antre du dragon. Dès qu'il fut arrivé à l'endroit appelé Plaisance, il vit venir à lui la bête, qui poussait d'épouvantables rugissements. D'abord les dogues eurent peur, refusèrent d'avancer et se mirent à hurler. Le monstre exhalait une odeur fétide, roulait des yeux terribles et ouvrait une énorme gueule. Linstang, prenant tout son courage et recommandant son âme à Dieu, s'avança bravement, appelant à lui ses chiens, et attaqua le dragon, qui du coup rompit la lance du chevalier. Linstang tira son épée et l'enfonça dans la gueule du monstre, qui saigna abondamment; puis il se retira derrière un arbre, cherchant à faire pénétrer son arme à travers les dures écailles de la bête. L'épée s'étant brisée, il saisit un poignard et le plonge dans les yeux du dragon, pendant que les dogues, excités par le sang, lui déchiraient les flancs. L'affreuse bête, harcelée par les chiens, qui la dévoraient, poussait des hurlements effroyables. Le chevalier perça alors de son poignard le cœur du dragon, étourdi par une si vigoureuse attaque, et l'étendit à ses pieds. La bête se tordait encore, avant de rendre le dernier souffle, que Linstang s'était déjà agenouillé et rendait grâce à Notre-Dame d'une si heureuse victoire. Pour tenir jusqu'au bout sa parole, le chevalier, après avoir flatté de la main ses dogues, coupa la tête du monstre et la porta au sire de Caboran, qui, fidèle à sa promesse, accorda enfin sa fille au vainqueur.

Depuis, Linstang fit, dit-on, bâtir une chapelle sur le lieu du combat et un château sur la caverne du dragon, le château de Nuaillé.

III

LA REPENTIE.

Autrefois, la côte qui s'étend le long du pertuis Breton, était habitée par des familles à demi sauvages, qui vivaient de piraterie. Lorsque la tempête soulevait l'Océan, les navires, guidés dans leur marche par des feux allumés, de distance en distance, sur les points les plus élevés du littoral, venaient chercher un abri entre l'île de Ré et le continent. La nuit était sombre ; le vent sifflait dans les cordages ; les flots déchaînés se brisaient sur les récifs ; mais la petite lumière, vacillante et pâle, brillait toujours, et l'on avait bon espoir. C'était une simple torche de résine, enfermée dans une sorte de grande lanterne de pierre, percée de fenêtres. Au pied, une petite cabane abritait les vieux marins chargés de veiller tour à tour jusqu'au matin. Mais ce phare si primitif ne prévenait pas toujours les naufrages. Parfois le gardien s'endormait et le phare s'éteignait; parfois aussi la brume épaisse cachait toute lumière aux yeux des matelots; souvent, enfin, les pirates allumaient sur le rivage d'autres feux qui donnaient une fausse direction aux équipages en détresse. Les navires venaient alors se perdre sur la côte, et le lendemain, au lever du jour, les naufrageurs se partageaient les épaves. Si quelque malheureux avait échappé au naufrage, ils le tuaient ou l'abandonnaient, après l'avoir dépouillé. On était ainsi entre deux dangers également redoutables, la fureur de l'Océan et la cruauté des pirates. Quand le temps était beau, ces hommes montaient de petits navires, courts mais solides, et allaient tenter en mer quelque coup de main. Ils attaquaient les navires marchands, menaçaient les matelots et s'emparaient du chargement. Les femmes restaient à terre, sans être pour cela moins actives; écoutez plutôt ce récit :

— Sur la pointe, où se dressent à l'heure actuelle quelques maisons, en face du village de Rivedoux, près du moulin dont on voit encore les ruines, vivait une vieille femme, dont le fils était parti depuis des années pour l'étranger.

Un jour, il s'était embarqué sur un grand navire, et depuis nul ne savait ce qu'il était devenu. Mais la mère gardait de lui un souvenir toujours présent, et le retour de son enfant était pour elle une suprême espérance. Une nuit de décembre, la mer était furieuse; la tempête s'annonçait terrible, et les pirates se réjouissaient d'avance de leur fortune du lendemain. Le gardien du phare, après avoir veillé pendant plusieurs heures, fatigué, assourdi par le bruit du vent, s'était endormi. La vieille femme, pieds nus, pénétra doucement dans la cabane, éteignit la torche, et heureuse de son premier succès, courut allumer un tas de bois sur la roche voisine. Elle resta là, immobile, les yeux fixés sur l'horizon, comme attendant sa proie. Ses cheveux au vent, la figure ridée, le regard sinistre, elle ressemblait à ces fées malfaisantes si connues et si redoutées au moyen âge. La lueur du feu lui donnait un aspect plus horrible encore. Bientôt une masse noire apparut à la pointe de Chauveau. La vieille femme frémit d'une joie féroce : c'était un navire, un grand navire, qui venait se réfugier dans la rade de La Pallice. Trompé par le feu de la côte, il approchait confiant. Brusquement, il s'arrêta; un craquement sourd, des cris se firent entendre puis, plus rien : le navire s'était brisé, et coulait bas avec son équipage.

Le lendemain, aux premières lueurs de l'aurore, les pirates, qui avaient appris la nouvelle, se disputaient déjà les épaves, recueillaient les bois et les cordages, entassaient les débris de la cargaison. La vieille femme était revenue avant le jour et réclamait bien haut, pour prix de son exploit, la plus grosse part du butin. Elle s'occupait surtout à dépouiller les cadavres des naufragés, espérant trouver ainsi quelques bijoux ou quelques pièces d'or. Tout à coup, elle poussa un cri aigu, se redressa épouvantée, les yeux hagards, montrant du doigt le corps d'un jeune homme, que le flot venait d'apporter sur la grève. Elle ne prononça qu'un mot : « Mon fils ! » et se jeta sur le corps inanimé.

Depuis, folle de douleur et de remords, la vieille femme erra, dit-on, plusieurs jours sur le rivage et se laissa mourir de faim à l'endroit, dont le nom rappelle aujourd'hui cette histoire : la Repentie.

FIN.

TABLE DES GRAVURES

TABLE DES MATIÈRES

BIBLIOTHÈQUE NATIONALE
R.F.
IMPRIMÉS

TYPOGRAPHIE FIRMIN-DIDOT ET Cie. — MESNIL (EURE).

www.ingramcontent.com/pod-product-compliance
Ingram Content Group UK Ltd.
Pitfield, Milton Keynes, MK11 3LW, UK
UKHW020310230726
13925UKWH00001B/332